职业生涯规划与心理健康教育融合研究

张 肃 著

北方文藝出版社
·哈尔滨·

图书在版编目（CIP）数据

职业生涯规划与心理健康教育融合研究 / 张肃著
. -- 哈尔滨：北方文艺出版社，2023.3
ISBN 978-7-5317-5806-8

Ⅰ．①职… Ⅱ．①张… Ⅲ．①大学生－职业选择－研究②大学生－心理健康－健康教育－研究 Ⅳ.
① G647.38 ② G444

中国国家版本馆CIP数据核字（2023）第 022482 号

职业生涯规划与心理健康教育融合研究
ZHIYE SHENGYA GUIHUA YU XINLI JIANKANG JIAOYU RONGHE YANJIU

| 作　　者 / 张　肃 | 教育顾问 / 战吉华 |
| 责任编辑 / 富翔强 | 封面设计 / 文　亮 |

出版发行 / 北方文艺出版社	邮　编 /150008
发行电话 /（0451）86825533	经　销 / 新华书店
地　　址 / 哈尔滨市南岗区宣庆小区 1 号楼	网　址 / www.bfwy.com
印　　刷 / 廊坊市广阳区九洲印刷厂	开　本 /880mm×1230mm　1/16
字　　数 /200 千	印　张 /10.5
版　　次 /2023 年 3 月第 1 版	印　次 /2023 年 3 月第 1 次印刷
书　　号 /ISBN 978-7-5317-5806-8	定　价 /68.00 元

前　言

我国的高等教育事业已经取得了令人瞩目的成就，已由过去的精英教育阶段转入了大众教育阶段。职业是人们奉献社会的一种途径，同时也是一种精神寄托。通过工作，人们能够实现人生的价值。但是，近年来，大学毕业生就业难的问题日益加剧，有些毕业生的综合素质与社会经济发展要求不相吻合。毕业生在选择职业时存在较大的盲目性，在求职过程中心理落差较大。他们在面对较为复杂的社会环境时，总会感到惶惑和不适应。产生这些现象的主要原因有毕业生就业错位，不适应工作环境，不清楚该如何在职场上正确行事，信念不够坚定，职业素养偏低，专业技术不过硬，等等。要解决大学生就业难的问题，不仅需要政府和社会的努力，更需要大学生树立正确的择业观念，提高就业能力，做好职业生涯规划。可以说，职业生涯规划就是大学生顺利就业和获取事业成功的起点。

本书的编写突出了以下几个特点：

第一，从大学生心理成长规律、思维逻辑顺序出发，按照职业知识体系、大学生常见的心理问题等进行编写。

第二，通俗易懂，贴近大学生的日常学习生活，做到理论联系实际。

第三，突出时代特色，树立开放思想，追求自立、自信、自强不息的精神。

本书在编写过程中借鉴和参考了一些相关书籍的内容，吸收了其中的很多有益部分，在此表示衷心的感谢！对本书编写过程中给予支持和帮助的有关领导和同志，表示诚挚的谢意！

目 录

第一章 大学生活与职业生涯 ·· 1
  第一节 大学生活从规划开始 ·· 1
  第二节 职业生涯概述 ·· 5
  第三节 职业生涯规划与管理的基本理论 ··································· 11

第二章 职业生涯决策 ·· 29
  第一节 职业目标的确定 ·· 29
  第二节 职业决策 ·· 35
  第三节 做出我的决策 ··· 39

第三章 职业生涯规划的制订 ··· 47
  第一节 职业生涯规划的方法 ·· 47
  第二节 职业生涯规划书的写作 ··· 50
  第三节 职业生涯规划书的评估与调整 ······································· 54

第四章 大学生心理健康教育的理论研究 ···································· 58
  第一节 大学生心理健康教育创新与实践 ··································· 58
  第二节 家校合作构建大学生心理健康 ······································ 60
  第三节 大学生与心理健康 ·· 64
  第四节 大学生心理健康影响因素分析 ······································ 67
  第五节 高校大学生心理健康研究 ··· 69

第五章 大学生心理健康教育创新研究 ······································· 73
  第一节 大学生心理健康教育的新视角 ······································ 73
  第二节 音乐教育与大学生学生心理健康 ··································· 76
  第三节 大学生活动中心实施心理健康教育 ································ 80

第四节 案例法介入大学生心理健康教育……………………………82
第五节 大学生心理健康教育政策的经济环境……………………87
第六节 希望感研究下的大学生心理健康教育……………………90
第七节 家庭教育对大学生心理健康的影响………………………92
第八节 基于素质教育的大学生心理健康教育……………………97

第六章 大学生积极心理学教育……………………………………100

第一节 积极心理学与大学生心理健康教育………………………100
第二节 大学生心理品质培养体系的构建…………………………102
第三节 大学生心理危机干预策略探究……………………………104
第四节 浅谈积极心理学视野下的大学生心理健康教育…………108
第五节 积极心理学视角下的大学生心理健康教育探索…………110

第七章 大学生心理健康教育模式研究……………………………115

第一节 "互联网+"背景下大学生心理健康教育创新模式研究……115
第二节 积极心理学视域下大学生心理健康教育创新模式研究……117
第三节 积极心理健康理念下的大学生心理健康教育模式的应用研究……121
第四节 积极心理学视角下大学生心理健康教育课程教学设计研究……124
第五节 积极心理学视角下大学生心理健康教育课程优化研究……126

第八章 "互联网+"背景下的心理健康教育………………………129

第一节 "互联网+"背景下大学生心理健康教育现状及创新……129
第二节 "互联网+"背景下心理健康教育的"心"路径……………133
第二节 "互联网+"背景下心理健康教育课程体系的构建…………139
第三节 "互联网+"背景下大学生心理健康教育模式建构…………142
第四节 "互联网+"背景下大学生网络心理健康教育机制…………148
第五节 互联网+智能时代大学生心理健康教育路径………………151
第六节 互联网+背景下大学生心理健康教育课程混合式教学……154

参考文献………………………………………………………………159

第一章　大学生活与职业生涯

第一节　大学生活从规划开始

　　大学是什么？大学不仅仅是一个历时数年的时间概念，最重要的还在于它奠定了一个人的人生基础。大学之道，在明明德，在亲民，在止于至善。大学之"大"，在于其自由宽容之氛围和独立创新之精神，唯其两点，是大学之精髓所在。

　　亲爱的同学，来到大学了，你的心情怎么样？这里的环境你还适应吗？你看到了什么事，遇见了什么人，又学习到了什么知识？初入大学者会有诸多不适应，大多是因为从一个从较为封闭的环境来到一个相对开放环境中的不适应。无论从何种角度来看，从中学到大学，都可以说是人生的一次重要转折。有人对自己的未来比较清楚，一步一个脚印地往前走。但是，更多的同学要么对未来没有什么想法，希望到大三时再考虑所有的问题，一天天堆积焦虑；要么就如无头苍蝇一般看似忙碌，却不知该往何处使力；还有一些同学看似对未来发展有一些想法，但又不能确定，甚至对达到目标缺乏信心。在大学中，环境和氛围问题是核心问题。学校对学生的影响是通过自己文化所形成的氛围来实现的。因此，怎样尽快地熟悉和适应陌生的环境，使自己成为大学这个熔炉中有机的组成部分，是每一个走进大学的人首先应该解决的问题。

一、读大学究竟是为了什么

　　从小，老师和家长就告诉我们，要好好学习，小学要怎样怎样，然后上中学，中学要怎样怎样，然后读大学。那么大学又要怎样呢？当我们都还未成年时，我们的一切选择、路径都由父母和老师左右、安排，我们从来都是只要努力就可以了，至于达到什么目标，早就有人给安排好了，因此我们从来不需要自己去思考问题和确立目标。但是上了大学之后，突然要自己决定日后的人生时，当一直追求的自由和自主突然在大学里全面实现时，我们却六神无主、不知所措了，因为我们没有经验，在没准备好（甚至没有准备）的情况下就被迫开始独立思考、独立选择、独立决策。

　　先让我们做这样一个练习，解答我们的困惑。

二、学生生活的变化

大学生活不同于高中生活，有了巨大变化。如何适应这些变化成为每个大学生都要考虑的问题。只有调整好自我，适应转变，才能快乐并充实地迎接大学生活。

（一）社会角色的转变

大学生与中学生担任的校内角色不同，在中学时，不少人在校内或班内担任一定职务；而在人才荟萃的大学校园里，他们中的大多数人可能只是普通的学生。大学新生必须适应这种由出人头地到默默无闻、由高才生到一般学生的转变。此外，大学生与中学生所担当的社会角色也不同，中学生的心理和思想正在发展中，职业方向和社会角色不够确定；大学生的职业方向基本确定，社会对大学生的期望和要求标准要比中学生高得多。因此，大学新生要实现从中学生到大学生这种社会角色的变化，就要处处用大学生的标准严格要求自己，既学做人又学做事。

（二）奋斗目标的转变

大学是学生成才、成就事业的一个新起点。古人云"有志者事竟成""百学须先立志"。大学生应从高考胜利的满足和陶醉中清醒过来，根据学校教学的客观现实和自己的实际，制定个人在学业、思想道德、心理发育等方面的奋斗目标和行动方略，以增强进取的内动力，为再创大学阶段的人生辉煌打下良好的基础。

（三）思维方式的转变

与中学相比，大学的生活节奏快、活动空间大、结交的人多，面对这些环境条件的变化，大学新生的思维方式要做到由"非成人化"向"成人化"转变。在思考和处理所遇到的问题时，要力求做到辩证全面而不要唯心片面；要远见务实而不要目光短浅；对人生重大问题的选择要深思熟虑，三思而后行，而不要盲目冲动或感情用事；要加强道德和法制观念，做事要考虑后果。

（四）生活方式的转变

在中学时，有些生活琐事可以依靠父母亲友的帮助，进入大学后，衣食住行等个人生活都由自己处理安排，自主、自立、自律是大学生活的主旋律。大学生应适应这种生活方式的变化，自主而合理地处理好个人的学习和生活问题，培养独立生活的能力；要自觉遵守学校的规章制度和作息时间，养成良好的生活习惯；要积极参加学校、班级组织的文体和"第二课堂"活动。

（五）交往方式的改变

大学生与中学生的来源不同。中学生大多来自本地就读，同学间充满乡音乡情；大学生则来自全国各地，其语言、个性、生活习惯有较大差异。这就要求交往方式要有所转变。首先，要做到相互了解、相互适应，提倡主动交往；其次，同学间要相互尊重、相互关心、为人要诚恳热情、严以律己、宽以待人，大事讲原则，小事讲风格；最后，与同学交往要坚持与人为善，要全方位交往，而不要拉帮结伙，注意人际关系的和谐性。

在深刻理解了这五个方面的转变后，我们才能够做出正确的自我定位。一些学长给出建议：想要在专业知识上深入学习、在学术上有所突破，就要了解本专业研究的概况，并找老师开出专业方面的书单，先对所学的专业有一个全面而宏观的了解。

而致力于学生工作的同学可以到学生会和团委报名参加学生干部的招募。但是，千万不要以为大学三年时间很长，学习和工作可以兼顾，很有可能什么都做不好，先明确自己是怎么样的个性、要做什么再行动吧。

三、大学生活的迷茫

大学新生存在的问题前面已经有所提及，反映在大学生的学校生活中，需要重点思考以下几方面的问题：

（一）突然的相对自由和目标缺失

在应试教育的中学阶段，学生处于相对封闭状态。中学生在学校里，学习、生活都带有被动性和强制性，在心理上处于被支配的状态；学习和生活主要围绕着升学与应试展开，学生在家长老师的督促下学习。进入大学后，他们的学习生活改变为以自我设计为特征，可支配的时间突然增多。同时，随着年龄的增加和社会阅历的丰富，独立意识越发增强。由于缺乏足够的自我约束能力，大学生开始遇到一些这个年龄阶段比较棘手的问题：自由支配的学习时间和各种诱惑的关系处理开始出现严重分歧，典型的表现是一部分人难以自拔地过度放任和缺乏目标。

（二）人际关系开始遇到危机

高中阶段，由于学业紧张等原因，人与人的交往不够紧密；而到了大学，随着社团活动的增加，同学之间关系更加密切。由于大学是一个更加广阔的交往平台，同学来自天南地北，每个人的生活方式、行为方式都有所不同，不可避免地要遇到各种各样人际关系方面的纠纷，日益复杂的人际关系与大学生处理人际关系的能力之间形成了矛盾。从中学生到大学生的转变中，一个核心的内容就是人际关系观念的转变。如何与周围的同学和谐相处，从更理智的角度来处理人际关系，是大一新生所面临的问题。

（三）想象中的大学生活与实际中的大学生活不一致

新生在跨入大学门槛前，往往在想象中美化校园环境和学校生活。然而，实际入学之后发现校园并没有想象中那么美好时，就会形成心理上的落差，这种落差的突出表现是为自己的自我放纵寻找借口。

（四）中学的远离社会和大学内的小社会

大学新生在入学之前受到了家庭、学校、同学等各个方面的特殊关注。到了大学，同学之间的隐性特征和社会的各种思潮开始影响大学生的大学生活。因此，学生自身条件、家庭出身、社会关系开始受到了越来越多的议论和关注。面对这些较为复杂的问题，部分大学生开始感受到了来自各方的压力，进而导致心理落差的存在。如果不能及时处理好这些问题，正确看待这些问题，就有可能造成个人职业生涯开始前的心理危机。

大学教育到底能够给大学生带来什么样的收获？应该说大学是人生起跑的平台，是一个社会化的过程。在大学期间，学生应该开始考虑自己要成为一个什么样的人，准确地说是要成为一个什么样的社会人，要考虑自己的人生价值在哪里、生活的意义是什么。

四、理解和适应大学生活

就像去一个陌生又新奇的城市旅行一样，你需要先上网找些攻略，有个大概的了解，然后坐车到达，真实地适应当地的环境。

大学就是这样一个陌生又神奇的人生之站。相对中学来说，它更加开放、多元、自由；课前课后的时间不再由学校和父母安排，而是完全交给你；财务的权利不再是零花钱，你可以自由地支配生活费，你可以自己决定课余时间读什么书、什么时候开始学习，以及学习什么新的知识；你可以自己决定参加什么社团，与不同系、不同年级，甚至社会不同群体的人交往。

而同时，大学也提供了更多的发展路径、更多元化的标准及更高的要求。除了把书读好，大学提供了更多的自我实现路径，学术研究、培养综合能力、培养技术优势等；除了学习能力，大学也需要我们提高自我管理的能力以实现目标；社会交往的能力找到支持，独立理财的能力保证生存，独立思考的能力让我们选择适合自己的目标。

大学不仅仅需要我们完成学业，也需要我们在几年里完成进入社会的准备，这里不仅是我们学生生涯最后一站乐土，也是人生成就的预备役。大学是收获更多，挑战也更多的地方。

五、职业可不可以规划

我们的大学学习和职业生涯是不是可以规划，是不是可以像计算机那样编制程序然后按部就班地去实施和完成？

这是一个见仁见智的问题。有些人认为没有规划的人生终将一事无成，所以应该尽早做好全面而细致的职业规划；还有些人认为计划赶不上变化，人生往往会因为一些无法预料的偶然性因素而发生重大转折，所以人生是没法设计的。

诚然，生命中的很多东西确实是无法预料的。无论是马航MH370上的乘客还是"东方之星"旅游客船上的游客，都是在始料不及中彻底改变了人生的走向。职业规划其实就是从多个发展方向中选择一个走下去，而生命是不可以重来的，即便经历过，我们也无法知道究竟哪一个方向更好。在人生的十字路口，我们不可能沿着一条路走到尽头以后再回到起点去走另外一条路。

但这种不确定和不可重复不应该成为我们放弃准备与规划的借口。我们的未来也许会因为某个偶然事件而彻底改变，但这并不能阻止我们今天去努力奋斗，因为即便我们所学的没有派上用场，但起码，它让我们离梦想和成功更近些。

我们不能放弃自己的坚持和梦想。进大学没几天，有的男生对周边网吧的分布已了如指掌，一些女生终日泡在自己的手机里，成为博客和微信里面的女王。这就是我们要的大学吗？要么随波逐流，不去考虑毕业以后究竟想做什么，也不关心自己所走的路究竟能通往何处，整天看起来忙忙碌碌，到头来却碌碌无为；要么就是不思进取，浑浑噩噩地过日子，用睡懒觉、玩网络游戏的方式度过大学时光。

我们认为，规划是思考的小结，也是行动的开始。科学的职业规划也是良好教育素质和职业素养的直接体现。著名管理学家赫伯特·西蒙（Herbert Simon）认为，"管理即决策"。那么，让我们从对自己职业生涯的规划和决策开始，用科学的规划和管理点亮我们人生的梦想与希望。

第二节　职业生涯概述

一、职业生涯的内涵

（一）生涯与职业生涯

"生涯"一词从字面上理解，"生"原意为"活着"，"涯"为"边际"，"生"和"涯"连在一起是"一生"的意思。生涯的英文为 career，从词源看，来自罗马文 viacarraria 及拉丁文 carees，两者的含义均指古代的战车，后来引申为道路，即人生的发展道路。

生涯，具有人生经历、职业、专业、事业的含义。人的一生有少年、成年、老年几个阶段，成年阶段无疑是最重要的时期，它是人们从事职业生活的时期，是人生全部生活的主体。因此，人的生涯就是职业生涯。

社会学家麦克·法兰德指出："职业生涯是指一个人依据理想的长期目标，所形成的一系列工作选择，以及相关的教育和训练活动，是有计划的发展历程。职业生涯也是个人一生职业、社会与人际关系的总称，即个人终生发展的历程。"它有四方面的含义。

（1）职业生涯只是表示一个人一生中在各种职业岗位上所度过的整个经历，并不包含成功与失败的意义,也没有进步快慢的含义。

（2）职业生涯由行为活动与态度、价值两方面组成。要充分了解一个人的职业生涯必须从客观和主观两方面理解：表示职业生涯客观特征的是外职业生涯；表示职业生涯主观特征的是内职业生涯，涉及一个人的价值观、态度、需要、动机、气质、能力、发展取向等。

（3）职业生涯是一个过程，是人一生中所有的与工作相关的连续经历，而不仅仅是指一个工作阶段。

（4）职业生涯受各方面因素的影响，如本人对职业生涯的设想与计划、家庭中父母的意见与配偶的理解和支持、组织的需要与人事计划、社会环境的变换等都会对我们的职业生涯有所影响。因此，职业生涯在一定程度上可以认为是多方面相互作用的结果。

一个人选择一种职业后也许会终生以此为业，也许会转换职业。不论怎样，一旦开始进入职业角色，他的职业生涯就开始了，并且随着时间的流逝而延续。例如，某人刚参加工作时是学校的教师，后来去政府机关担任公务员，最后又到公司担任经理，那么教师、公务员、经理就构成了这个人的职业生涯。

职业生涯有大周期和小周期之分。大周期是指从开始工作到退出职业的整个过程，通常有三四十年的时间。小周期是指从事某一个职业从进入到退出的过程。

（二）外职业生涯与内职业生涯

1. 外职业生涯

外职业生涯是指从事一种职业时的工作时间、工作地点、工作单位、工作内容、工作职务与职称、工资待遇等因素的组合及其变化过程。外职业生涯通常可以通过名片、工资单体现出来。名片上表明工作的地点、企业的类型、担任的职务、职称等内容，工资单里写明基本工资、岗位津贴、福利待遇、奖金等项目的具体收入，这些因素就构成了外职业生涯。

2. 内职业生涯

内职业生涯是指从事一种职业时的知识、观念、经验、能力、心理素质、内心感受等因素的组合及其变化过程。内职业生涯中所讲到的这些因素，并不是通过名片、工资单可以体现出来的，而是通过从事职业时的表现、工作结果、言谈举止表现出来的。

外职业生涯的发展通常由别人决定、给予、认可，也容易被别人否定、收回、剥夺。而内职业生涯的发展主要靠自己不断地探索获得，不随外职业生涯的发展而自动具备，也不会由于外职业生涯的失去而自动丧失。可以说，在职业生涯发展进程中，起重要作用的是内职业生涯。

二、影响职业生涯的因素

职业生涯是个人发展的基础,又是个人发展的历程体现。在这个重要而又漫长的过程中,每个人的职业生涯都会受到教育、家庭、性格、价值观、性别、健康状况、社会环境、机遇等主、客观因素的影响。

(一)教育

教育是赋予个人才能、塑造个人人格、促进个人发展的社会活动。它奠定了一个人的基本素质。一个人通过接受教育或培训形成自己特有的知识结构、能力和才干,对人的一生有巨大的影响。

(1)不同教育程度的人在职业选择时,具有不同的能量。这不仅关系到一个人职业生涯开端与适应期是否良好,还关系到以后的发展、晋升是否顺利。从一般规律看,有较高教育水平的人,在就业以后会有较大的发展,即使工作不尽如人意,其流动能力与动机也较强。

(2)人们所学专业及职业种类,对其职业生涯有着决定性的影响。一专多能者,专业水平和应用技术俱佳者,往往能得到更多的机会,在职业生涯发展中居于主动地位。

(3)人们接受的不同等级的教育、所学的不同学科门类、所在的不同院校及其不同的教育思想,会使其形成不同的思维模式,从而采用不同的态度来对待自己、对待社会、对待其职业生涯的发展。

(二)家庭

家庭是人的第一所学校。一个人的家庭也是造就其素质以至于影响其职业生涯的主要因素之一。人从幼年起,就会受到来自家庭的深刻而潜移默化的影响,促使其形成一定的价值观和行为模式。有的人还从家庭中自觉或不自觉地习得某些知识或技能。此外,一个人的家庭成员,在其择业或就业的过程中,往往给予一定的影响,也会对其职业生涯产生很大的影响。

(三)性格

性格与一个人的职业生涯有很大的相关性。霍兰德将人的性格分成六种类型。一般人具备的性格可能是其中一种或两种以上的混合类型。从事与自己性格相适应的工作,才能让人充分施展自己的才华,全身心投入工作,取得好的绩效。如果性格与工作不合,再好的能力也难以充分发挥。

(四)价值观

毫无疑问,个人的需求与动机和一个人的追求、价值观、行为方式等都会直接影响其职业生涯的进展，同样的工作对于不同的人有着不同的价值，而同一个人对不同的职业会有不同的态度与抉择。有学者归纳出物质报酬、名望、权力、安定性、自主性、专精、亲和、多样性、创意、休闲、追寻意义11种职业价值观。在就业时，人们会根据不同的职业评价和价值取向来选择自己的职业。人们在不同的年龄阶段、不同的阅历，特别是不同的职业经历状况下，都会针对自己的主观和客观条件，在职业的选择和调整方面有不同的动机与需求。当然，社会环境及组织也是影响职业生涯的重要因素。

首先，社会的政治经济形势、社会文化与习俗、职业的社会评价及其时尚等大环境因素决定着社会职业岗位的数量与结构，决定着其出现的随机性与波动性，也决定了人们对不同职业的认定和步入职业生涯、调整职业生涯的决策。

其次，除非你自己创办公司，一个人的职业空间都来自组织。因此，组织中的人力资源观念、管理措施及管理者的水平，也是影响个人职业生涯的重要因素。

（五）性别

虽然男女平等的观念已普遍被现代社会所接受，但"性别因素"仍然起着重要的作用。事实上很少有人能完全漠视性别问题。因此，每个人（尤其是女性）都必须合理地考虑自己的职业期望，以便充分发挥自己的性别特色，并使自己获得成功。

（六）健康状况

还有一个不容忽视的因素，那就是健康状况。健康对于职业选择特别重要，几乎所有的职业都需要身心的健康。

（七）机遇

在个人职业生涯发展过程中，不可避免地会受到某些被称为机遇的偶然性因素的影响。有时候，这些因素的作用是巨大而难以抵制的。然而，"有志者事竟成"，机会约等于个人的努力，有所准备的人总要比那些缺乏准备的人更容易掌握主动权、更容易获得机遇的青睐。

三、职业生涯的发展阶段

职业生涯贯穿我们的一生。每个人在实现职业生涯目标的过程中，都会经历不同的发展阶段，有着不同的职业需求和人生追求，但紧要之处往往只有几步。不同阶段的任务，组成了一个人向职业生涯顶峰攀登的崎岖之路，同时将决定自己未来的职业生涯去向。职业周期的阶段和任务与生物社会周期的阶段和任务紧密相关，因为两者都与年龄和文化连接在一起。一般来说，一个人在20岁左右时希望尽快进入角色，30岁左右追求发展空间，40岁左右追求突破，50岁左右则可能力求平稳。正确地认识职业生涯发展规律及自己所处的发展阶段，对制订有效的职业生涯规划是非常重要的。

人的职业生涯大体可以分为以下六个阶段：

（一）职业准备阶段

该阶段一般从 14~15 岁开始，延续到 18~22 岁，读研究生则延续到 25~28 岁。

这是一个人就业前学习专业、职业知识和技能的时期，也是个人素质形成的主要时期。但对于这个职业生涯的起点，许多人是盲目的，甚至是由别人（通常是家长或老师）来代替决定的。在这一阶段，人们处于职业幻想阶段，对职业的认识就是从这个阶段开始的，因而良好习惯的培养与职业理想的建立及职业意识、职业态度、职业能力的培养和建立是密切相关的。

（二）职业选择阶段

该阶段一般集中在 17~30 岁。

这一阶段的主要特征是人们从学校走上工作岗位，是人生事业发展的起点。在这一时期，人们要根据社会的需要和自己本身的素质及愿望，做出职业选择，走上工作岗位。这是人生职业生涯的关键一步。如果选择失误，将导致职业生涯的不顺利，抑或是浪费时间后再次选择，还可能因顾此失彼丢掉其他的工作机会。

如何起步，直接关系到今后的成败。一个人为了找到最适合自己的职业，可能要经历几次选择和磨合。可以多进行一些职业方面的尝试、探索，熟悉适应组织环境，熟悉工作内容并有初步的开创性成果。发展和展示个人专长，积累知识能力，学会与他人沟通协作，获得认可。所有这些目标都需要通过学习来逐步实现。因此，这一阶段的规划策略方案，也应围绕学习这个主题来进行，可具体分解为以何种形式来学习知识（重返校园还是参加培训）、学习的内容是什么、要达到怎样的标准，以及能力积累提高的具体途径等。

（三）工作初期——职业适应阶段

该阶段一般在就业后 1~2 年。

这一时期是对走上工作岗位人的素质检验期。具备岗位要求素质的人，能够顺利适应某一职业；素质较差或不能满足职业要求的人，则需要通过培训教育来达到职业的要求；自身的职业能力、人格特点等素质与工作岗位要求差距较大者，难以达到与职业要求相适应的目的，则需要重新选择职业；个人素质超过岗位要求、个人兴趣与职业类别很不相符者，也可能重新对职业进行选择。

（四）工作中期——职业稳定阶段

该阶段一般从 20~30 岁开始，延续到 45~50 岁。

这一时期是人的职业生涯的主体时期。一般是在人的成年、壮年时期，且占人的生命过程的绝大部分时间。

这一阶段可能存在诸如追求发展稳定、遭遇发展瓶颈、面临中年危机、取得阶段成功等不同情况。对于大部分人来说，这一阶段应该致力于某领域的深入发展，求得升迁和专精。它不仅是劳动效果最好的时期，也是人们担负繁重家庭责任的时期。一个人除非有特别的才干和抱负，40 岁应该是职业锚扎根的时候，不宜更换职业。因此，成年人往往倾向于稳定的某种职业，甚至特定的岗位。一般这时的个人精力也不允许你像年轻人那样上学深造，适合的充电方式只有短期培训和实践积累。即使真的处于职业生涯的瓶颈和转折点，需要重新调整职业和修订自己的目标，也应该在 45 岁以前完成。在职业稳定期，如果从业者的素质能够得到发展和提高，潜力得以体现，就可能抓住机会逐步取得成果，成为某一领域的出色人才、行家里手，得到晋升并获得职业生涯的成功和成就。因此，在这一阶段的职业生涯策略应重点围绕扩大工作视野，传、帮、带新人和提升领导（指导）能力来进行。这些内容仅从书本和培训中是难以得到的。

（五）工作后期——职业素质衰退阶段

该阶段一般从 45~50 岁开始，延续到 55~60 岁。

这一时期，人开始步入老年。由于生理条件的变化，能力缓慢减退，心理需求逐步降低而求稳妥维持现状。一般来说，处在这一阶段上升的空间已经很小，就该规划全身而退的退休的策略，以及退休后的目标转移方案。

也有一些老年人，智力并没有减退，而知识水平、经验水平还呈现越来越高的现象（有学者称为"晶态智力"）。这种晶态智力的发挥，能够使他们的素质进一步提高，出现第二次创造高峰，直至巅峰。这些人往往是所从事职业领域的专家权威或专业方面的学术带头人。

（六）职业结束阶段

这一时期是人们由于年龄或其他原因结束职业生活历程的短暂过渡时期。

对于个人而言，职业稳定与适合是非常重要的。在上述六个阶段中，"职业稳定阶段"最长、"职业选择阶段"最为关键，"职业准备阶段"在一定程度上决定着选择方向与稳定性。

四、职业生涯的意义

（一）职业生涯是满足人生需求的重要手段

现代人大部分时间是在社会组织中度过的。我们的大部分人生需求都要通过职业生涯来满足。作为个人生命中投入时间和精力最多的人生组成部分，职业生涯使我们体验到爱与被爱的幸福，受人尊敬、享受美和成就感带来的快乐。相对而言，人的素质越高，精神需求就越高级，对职业生涯的期望也就越大，这样，个人对企业和社会的贡献才会越大。

（二）职业生涯也是促进人全面发展的重要手段

现代人追求全面发展，随着生活水平的提高，人们的自我意识逐步增强。人们在渴望拥有健康、丰富的知识、能力、良好的人际关系的同时，也渴望在事业上有所建树，并享有幸福和谐的家庭生活和丰富多彩的休闲时光，职业生涯能帮助我们确定职业发展目标，鞭策个人努力工作，有助于个人抓住重点，引导我们发挥潜能，帮助评估目前工作成绩。我们追求成功的职业生涯，最终要获得个人的全面发展。

第三节　职业生涯规划与管理的基本理论

一、职业选择理论

职业选择是人们依照自己的价值观、职业期望、兴趣能力等，从社会现有的职业中进行挑选的过程。选择一种职业，就选择了一种生活方式，人们在挑选职业的时候都会慎重考虑。职业选择理论告诉我们应该如何选择职业，比较具有代表性的职业选择理论有帕森斯的特质因素理论、霍兰德的职业兴趣理论、沙因的职业锚理论等。

（一）帕森斯的特质因素理论

波士顿大学教授弗兰克·帕森斯（Frank Parsons）提出的特质因素理论又称人职匹配理论，是最早的职业辅导理论。1909年，帕森斯在其《选择一个职业》一书中提出人与职业相匹配是职业选择的关键。他认为，每个人都有自己独特的人格模式，每种人格模式的个人都有其相适应的职业类型。所谓"特质"就是指个人的人格特征，包括能力倾向、兴趣、价值观和人格等，都可以通过心理测量工具来加以评量；而所谓的"因素"则是指在工作上取得成功要具备的条件或资格，这些因素是可以通过对工作的分析而了解的。

1. 人与职业匹配的类型

（1）因素匹配（职业匹配人）。需要专门技术和专业知识的职业与掌握该种技能和专业知识的求职者相匹配。例如，脏、累、苦等劳动条件很差的职业，需要能吃苦耐劳、体格健壮的求职者与之匹配等。

（2）特质匹配（人匹配职业）。例如，具有敏感性、易动感情、不守常规、个性强、理想主义等特质的人，适合从事审美性、自我情感表达的艺术创作类型职业。

2. 帕森斯职业选择的步骤

（1）对求职者的生理和心理特点（特质）进行评价。可以借助成就测验、能力测验和人格测验等测评手段，了解求职者的价值观、能力倾向、兴趣爱好、气质与性格等，通过面谈、调查等方法进一步获得有关求职者的身体状况、家庭背景、学业成绩、工作经历等情况，并对这些资料进行评价。

（2）分析各种职业对人的要求（因素），并向求职者提供有关的职业信息，包括职业性质、工资待遇、工作条件及晋升的可能性、求职的最低条件、就业机会等。

（3）人职匹配，即整合个人和工作领域的信息，这是特性因素理论的核心。指导人员在了解求职者的特质和职业的各项因素的基础上，帮助求职者进行比较分析，以便选择一种适合其个人特点、有可能得到且能在职业上取得成功的职业。

职业选择理论依据的理论基础，是强调人的个体差异已为当时人们普遍接受的事实，差异心理学和心理测验的产生与发展为职业选择理论及其实际应用提供了有利条件。同时，这一方法符合职业生涯规划的逻辑和一般过程，也易于操作和实施。所以这种职业选择方法自产生起就一直被人们广泛接受和采用，并不断发展和完善。

但是，人们所获得的工作要求信息往往是不完全的，而且该理论所依赖的技术基础——心理测验，也不能保证绝对的准确，这些误差的存在可能会导致人们做出不恰当的职业选择决策。而且，该理论试图找到个体特性与职业要求之间的一一对应关系，没有充分考虑到个体特性中的可变因素，也没考虑到工作要求会随时间的改变而发生变化，所以这种人职匹配过于静态的观点与现代社会的职业变动是不相适应的。同时，职业选择理论把职业选择看作个体单向的选择过程，也忽视了社会因素对它的影响和制约作用。

（二）霍兰德的职业兴趣理论

1959年，约翰·霍普金斯大学的心理学教授约翰·霍兰德（John Holland）提出了职业兴趣理论，认为人的人格类型、兴趣与职业密切相关，兴趣是人们活动的巨大动力，凡是具有职业兴趣的职业，都可以提高人们的积极性，使人们积极愉快地从事该职业，职业兴趣与人格之间存在很高的相关性。该理论的提出对社会产生了广泛的影响，也使霍兰德成为该领域里程碑式的人物。

1. 基本原则

（1）选择职业是人格的一种表现，个体对于某种职业的偏好是因为可能具备相应的某种人格。

（2）个体的兴趣类型是人格类型的反映，个体对特定类型的事物或事件感兴趣，表明其可能具有相应的人格类型。

（3）相同职业团体内的成员有相似的人格，因此他们对很多情景与问题会有相似的反应方式和行为模式，从而产生类似的人际环境。

（4）人格类型可划分为现实型、研究型、艺术型、社会型、企业型和常规型六种，个体的人格属于其中的一种或几种的结合。

（5）人所处的环境及从事的工作也可相应划分为六种类型，即现实型、研究型、艺术型、社会型、企业型和常规型。

（6）个体的人格与工作环境之间的匹配和对应，是职业满意度、职业稳定性与职业成就的基础，也就是说只有当个人找到与自己人格类型一样或接近的工作类型时，他才会对工作产生强烈的兴趣，才能从工作中获得较高的满足感、成就感，从而取得较好的工作成绩。

根据以上基本原则，霍兰德于1973年进一步完善了自己的理论，他根据研究成果提出了四项核心假设与三个辅助假设。

2. 核心假设

（1）在我们的文化中，大多数人的人格可以大致分为六种类型：现实型（realistic type，简称R）、研究型（investigative type，简称I）、艺术型（artistic type，简称A）、社会型（social type，简称S）、企业型（enterprising type，简称E）、常规型（conventional type，简称C）。这六种类型具有各自的特点，同时也存在一定的关系，它们可以按照一个固定的顺序排列成一个六边形，如图1-1所示。一般来说，人们的兴趣特征常常是2~3类型按照不同比例组合而成的。

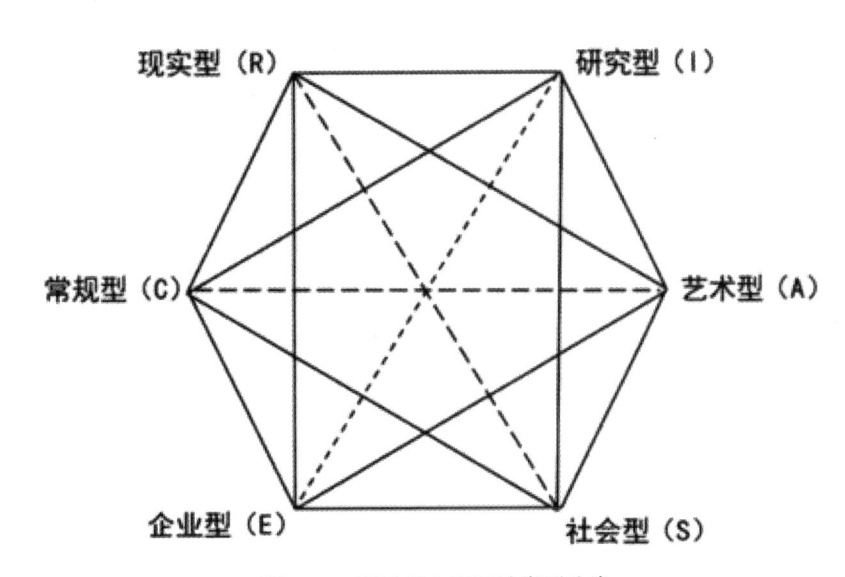

图1-1 霍兰德人格属性类型分类

（2）和人格属性的分类相同，在我们的社会环境中，有六类职业，即现实型、研究型、艺术型、社会型、企业型和常规型，并且按照一定顺序也排成了六边形（RIASEC）。同时，大部分工作情境也综合了多种形态。

（3）人们总是在寻找适合自己人格类型的环境，锻炼相应的技巧和能力。

（4）一个人的行为表现，是由他的人格与所处的环境交互作用决定的。

六边形模型的提出是霍兰德在职业类型划分基础上另外一个极有价值的贡献。六边形的六个角分别代表霍兰德所提出的六种个性类型和相对应的六种职业类型；每种个性类型与职业类型的相关性大小，可以通过图形边长和对角线的长短表示。连线越短，表示个性类型与职业类型相关性越大,则适应性越高;连线为0,即个性类型与职业类型完全适配,如RR型、CC型、AA型等,此时人职配置最适宜、职业选择最理想,这称为人职协调。如果个体选择与其人格类型相近的职业环境,如现实型的人在研究型或常规型环境中工作,由于两种类型之间有较高的关联性,则个人经过努力和调整也能适应职业环境,这属于人职次协调。最坏的职业选择是个人在与其人格类型相斥的职业环境中工作,在此种情况下个人很难适应职业,也不太可能从工作中得到乐趣,这称为人职不协调,如研究型的人在企业型环境中工作等。总之,人格类型与职业类型的相关程度越高,个体的职业适应性越好;相关程度越低,个体的职业适应性就越差。因而,六边形模型的提出有助于人们更好地理解和进行职业选择。

3. 辅助假设

核心假设中指出了人和职业有六种类型,人总是在寻找适合自己人格类型的相关工作。辅助假设将进一步对人格类型之间的相关性及人格与职业的匹配程度进行解释。辅助假设不仅可用来解释人的个性分类,也可用于解释职场的形态分类。

(1)一致性。一致性主要指人格类型或职业环境六种模块之间的相似程度。例如,具有现实型(R)和研究型(I)类型特征的人在性格、行为上会有某些共通的地方,他们不太善于交际,热衷于做事而非与人打交道,我们称这两种类型的人一致性较高;反之,常规型(C)和艺术型(A)的一致性则偏低,他们的特点是截然不同的,具有常规型特征的人顺从性较大,而具有艺术型特征的人独创性更强。六种类型占据了六边形的六个角,它们的一致性程度可以用在六角形上的距离程度予以表示。

(2)区分性。区分性主要指个人人格特质或者个人所偏好的职业形态的清晰程度。例如,某些人或是某些职业环境的界定较为清晰,比较接近其中的某一类型,而与其他类型相似的比较少,这样的情况表示区分性良好;反之,如果个人的人格特征与多种类型相近,则表示他们的区分性较低。一般而言,个人特性多趋向于非纯粹的综合性特点,但个体身上常会自然地突出某些代表个体个性的明显特征,通过分析这些特征来确定个体的人格类型特点及其偏好的职业类型。

(3)适配性。适配性是指人格类型与职业环境类型的匹配度。不同的人希望在不同的职业环境中工作、生活,人与职业适配得当就可以更好地通过自身条件发挥所长。同时,适配性的高低可用于预测个人对职业的满意度、职业的稳定程度及个人的职业成就。因此,适配性是霍兰德人格类型理论规律性假设中最为重要的一个假设。

根据霍兰德的理论,一个人如果没有严重的心理困扰或精神异常,只要有丰富的资料和探索的机会,大部分人都可以自行解决职业上的问题。霍兰德编出了"职业偏好量表"及"职业自我探索量表",可用来评定个人所属人格类型,分析其一致性、区分性及适配性。

霍兰德所提出的六种职业类型包括了美国职业词典上所收集的所有行业,因而其个性类型与职业类型的划分是具有一定的科学性和可行性的。但是,霍兰德把众多的职业只划分为六种类型，最终确定的是与一个人的个性一致的职业类型或职业群，而每种职业类型和职业群又包括一系列具体职业。同时，根据六边形模型，一个人不仅可以选择与其个性类型相协调的职业环境类型，而且能适应与其个性类型次协调的两种职业环境类型，这就进一步扩大了个体的职业选择范围。职业选择的范围太多，就可能会模糊其选择职业的方向。因而，从这一角度来看，霍兰德的类型分类及测定工具只能作为职业生涯规划和人才挑选的初步依据。

（三）沙因的职业锚理论

职业锚理论是由职业生涯规划领域具有"教父"级地位的麻省理工学院斯隆管理学院教授、哈佛大学社会心理学博士艾德佳·沙因（Edgar H. Schein）最早提出来的。沙因认为，职业生涯发展实际上是一个持续的探索过程，而职业锚使个体的职业经验逐步稳定、内化下来，当再次面临职业选择时，就成为其最不能放弃的职业定位。

在众多的职业生涯发展理论中，职业锚理论是一种指导、制约、稳定和整合个人职业决策的职业自我定位理论。出于该理论的实用性、操作性和综合性特点，它成为众多职业生涯发展理论中格外重要和格外引人注目的理论。

1. 核心内容

个体的职业锚有三个组成部分：自省的才华和能力，以各种工作任务中的实际成功为基础；自我动机和需要，以实际情景中的自我测试和自我诊断的机会及他人反馈为基础；态度和价值观，以自我与雇佣组织、职业环境的准则、价值观之间的实际碰撞为基础。

2. 职业锚的类型

经过长期的研究，沙因提出了八种"职业锚"，即技术/职能型职业锚、管理型职业锚、自主/独立型职业锚、安全/稳定型职业锚、创造/创业型职业锚、服务型职业锚、挑战型职业锚、生活型职业锚。

（1）技术/职能型职业锚。拥有技术/职能型职业锚的人希望过"专家式"的生活。他们操作的动机来自有机会充分发挥自己的技术才能，并乐于享受作为某方面专家带来的满足感。他们忠于组织，愿意参与组织目标的制定过程，确定目标之后，他们会抱着最大的热忱独立去实现目标。他们不喜欢管理工作，不愿意离开自己认可的专业领域，也不希望被提拔到管理岗位。在薪酬补贴方面，他们更看重外在平等，并且需要从横向比较中获得心理平衡。对他们的激励应该考虑通过扩大工作范围，给予更多的资源和更大的责任，更多的经费、技术、下属等支持，或通过委员会和专家组等方式参与高层决策。

（2）管理型职业锚。拥有管理型职业锚的人有非常强烈的愿望成为管理人员，并将此看成职业进步的标准。相对专业知识，他们更认可领导与管理的重要性，他们认为掌握专业技术不过是通向管理岗位的阶梯。与技术/职能型职业锚相比，管理型职业锚更喜欢接受不确定性的挑战，认为达到目标的能力才是关键的晋升标准。对薪酬的态度，他们倾向于纵向比较，热衷于组织中的股票期权等代表所有者和股东权益的奖励方式。对他们来说，最好的认可方式是提升到具有更大管理责任的职位上。

（3）自主/独立型职业锚。自主/独立型职业锚的人追求自主和独立，不愿意受程序、工作时间、着装方式及在任何组织中都不可避免的标准规范的制约。即使面临职业选择，他们也会为了保住自主权而权衡工作的利弊。他们倾向于专业领域内职责描述清晰、时间明确的工作。薪酬方式倾向于接受基于工作绩效并能即时付清的工资和资金。他们惧怕中长期激励的约束，宁可放弃高薪的工作和晋升的机会，也不愿意被人约束和支使。他们期望的工作晋升是那种能够获得更多自主的方式。对他们的认可方式是直接的表扬、证书、推荐信、奖品等奖励方式。

（4）安全/稳定型职业锚。拥有安全/稳定型职业锚的人选择职业最基本、最重要的需求是安全与稳定。他们最不希望工作中出现太多不确定的因素，只要有条件，他们就会选择提供终身雇佣、从不辞退员工、有良好退休金计划和福利体系、看上去强大可靠的公司，所以，政府机关、能够提供终身职务的大学和其他事业单位，是其择业首选。他们喜欢组织的中长期激励，希望自己的职业跟随组织的发展而发展，适合直接加薪、改善收益状况的激励方式。对于薪酬补贴，只要按部就班、有基于工作年限、可预见的稳定增长就可以。他们喜欢基于过去的资历，有明确晋升周期的公开等级的晋升系统。

（5）创造/创业型职业锚。对于创造/创业型职业锚的人来说，最重要的是建立或设计某种完全属于自己的东西。当在经济上获得成功后，赚钱便成为他们衡量成功的标准。自主型职业人创业的动力是源于表现和扩大自主性的需要，而创造型职业锚的人在创业初期，会毫不犹豫地牺牲自己的自由和稳定以求得事业的成功。在薪酬方面，他们看中的是所有权。对于工作晋升，他们希望职业能够允许他们去做自己想做的事，有一定的权力和自由去扮演自己不断进行创新的角色。创造财富、创建企业、拓展事业，就是对他们的认可方式。创造/创业型职业锚与别的职业锚具有较多的重叠。

（6）服务型职业锚。服务型职业锚的人希望能够体现个人的价值观，他们关注工作带来的价值，而不在意是否能发挥自己的能力。他们希望能够以自己的价值观影响雇用他们的组织或社会，只要全世界因为他们的努力而更美好，就实现了他们的价值。至于薪酬补贴，他们希望得到基于贡献的、公平的、方式简单的薪酬。对于他们来说，晋升和激励不在于钱，而在于认可他们的贡献，他们需要得到来自同事及上级的认可和支持，并与他们共享自己的核心价值观。

（7）挑战型职业锚。这类人认为他们可以征服任何事情或任何人，在他们眼里，成功就是"克服不可能超越的障碍，解决不可能解决的问题，战胜更为强劲的对手"。所谓"更高、更快、更强"，最对这种人的胃口。他们的挑战领域不局限于某一方面，而是所有可以挑战的领域。如果他们缺乏挑战机会，就失去了工作的动力。这种人会看不起与其价值观不同的人并不断给阻碍他挑战的人制造麻烦。

（8）生活型职业锚。这类人似乎没有职业锚，他们不追求事业的成功，而是需要寻求合适的方式整合职业的需要、家庭的需要和个人的需要。所以，他们会为了工作的弹性和灵活性选择职业。他们认为生活的成功并不完全取决于职业和工作上的成功，相对于具体的工作环境和工作内容，他们更关注自己如何生活、如何与家人交往及怎样在生活中获得乐趣。"老婆孩子热炕头"，在一定程度上反映了这种职业锚。

3. 正确的理解职业锚应注意的问题

（1）每种职业锚都对应着一些典型的职业，而某些职业也可能对应着多种职业锚。

（2）职业锚不同于职业倾向，根据霍兰德的理论，人的职业倾向可能是六种类型中不同类型的组合，但职业锚对于个人来讲是单一的，他只可能拥有八种职业锚中的一种，无论何时都不愿意放弃的职业需求也可能是一种。

经过几年的发展，职业锚（职业定位）已经成为职业发展、职业生涯规划的必选工具，麻省理工学院斯隆管理学院编制了《职业锚测评系统》，它于2003年引入中国。北京师范大学和北京大学一批心理学家对该系统进行了本土化工作，并与清华大学就业指导中心合作进行了国内常规模式的工作选取。

在现代社会，个人与组织的发展并不矛盾：作为个人，需要不断地进行自我探索，确认自己的职业锚，并将自己的认识与组织进行沟通。作为组织，需要建立起灵活的职业发展路径，多样化的激励体系和薪酬体系，以满足同一工作领域中拥有不同职业锚员工的需求。

二、职业发展理论

随着研究的进一步深入，职业发展理论开始更倾向于从动态、发展的角度来研究人的职业行为及各个发展阶段，原来较为稳定的静态"职业"概念慢慢被动态的"生涯"概念取代。职业生涯发展阶段的划分成为职业生涯规划研究的重要内容。自20世纪50年代起，著名生涯规划大师唐纳德·E.舒伯（Donald E. Super）通过长期的研究，对生涯发展提出了较为系统的观点。此外，著名职业指导专家金斯伯格（Eli Ginzberg）的职业生涯发展阶段论、心理学博士杰弗里·H.格林豪斯（Jeffry H. Greenhaus）的职业生涯发展理论也是该学派的重要代表。

（一）金斯伯格的职业发展理论

1. 基本观点

金斯伯格是职业发展理论的先驱，1951年其专著《职业选择》问世，他在这本书中提出了职业发展理论的基本观点。

（1）职业选择是一个发展过程。它不是一个单一的决定，而是一个在一段时间里做出的一系列决定。在这个过程中，每一个步骤与前后的步骤之间都有着某种有意义的联系。

续表

（2）这个职业选择过程大部分是不可逆转的，因为在这个过程中做出的每一个决定都依赖于个人的年龄和发展。

（3）这个过程以一种折中的方式结束。一系列内外部因素影响着个人的决定，一个人必须在影响择业的主要因素（兴趣能力和现实机会）之间取得平衡。

2. 发展阶段

金斯伯格把人的职业选择心理的发展分为三个主要时期，即幻想期（fantasy period）、尝试期（tentative period）、现实期（realistic period）。在尝试期和现实期中，又做了进一步划分。

（1）幻想期（11岁以前）。11岁之前的儿童时期为空想阶段，这个阶段的个体往往希望自己能快点长大，怀着理想化职业的憧憬。在这个阶段，个体多带有强烈的感情色彩，思想较为盲目，并带有冲动性，对职业需求的内涵思想尚未形成，完全处于幻想之中，因此，个体在这个时期表现得较为不稳定。

（2）尝试期（11~18岁）。这个阶段与青春期有一定的重叠，个体生理和心理迅速发育与变化，有自己独立的意识，价值观念开始形成，知识水平和能力水平显著提升，初步懂得社会和生活经验，开始形成自己的职业兴趣，并开始思考今后的职业道路及自己所面临的任务。但是，由于长期在学校学习，个体对职业选择考虑更多的还是自己的兴趣，难免具有一些过于理想主义的色彩。

金斯伯格按照年轻人考虑择业因素的顺序，把尝试期又分为如下四个阶段：兴趣阶段（11~12岁）、能力阶段（13~14岁）、价值观阶段（15~16岁）和过渡阶段（17~18岁），其中价值阶段是职业形成最重要的时期。而尝试期的最后一个阶段过渡阶段和现实期的第一阶段探索阶段，给年轻人提供了一次重新开始职业选择过程的机会。随着阶段的发展，个体开始从考虑非常主观的个人兴趣、能力和价值观转向不断关心现实所提供的机会与限制。

（3）现实期（18岁以后）。在现实期，个人开始由中学进入大学，或直接步入社会从事职业活动。在这个时期，他们已经开始把自己的主观愿望、主观条件与客观社会环境协调起来，兴趣、能力、价值观等个体化因素不再是择业的唯一决定因素，人们必须面对现实做出抉择。这个时期最大的特点是客观性、现实性。

个体在这个阶段的成熟与进步是循序渐进的，根据整个阶段的发展历程，该阶段也可细分为三个各有侧重的发展时期。

①探索期。个体试图把自己的选择和社会的需要相联系，进行各种试探性活动，探索各种职业机会的内涵架构，为自己下一步的职业选择做好准备。

②具体化时期。个体的职业化目标基本确定后，进一步将该目标分解、细化，为实现这个目标而努力。

③特定化时期。为了实现特定的职业目标，个体将开始更为专业、全面的努力，如

准备升入更高一级的学府深造，或者打算接受专项训练等，做好具体就业入职的准备等。

由于金斯伯格是以中产阶级的子女作为自己的研究对象，因而其具体的时期与阶段划分不一定符合其他阶层和文化背景的年轻人。但撇开具体年龄阶段的划分不谈，其理论对一个人职业选择心理发展过程的研究还是具有相当的合理性和科学性的。而且，金斯伯格虽然着重研究的是一个人的早期职业发展，但并没有因此否认职业选择的长期性。1983年，金斯伯格对他的职业选择理论进行了重新阐述，着重强调：对于那些从工作中主要寻求满足感的人来说，职业选择是一个终生的决策过程，他们会不断地重新评价如何能够平衡自己正在变化的职业目标和工作现实之间的配合。同时，金斯伯格提出了终生选择过程中的三个因素，即最初的职业选择、最初选择与后来工作经验之间的反馈及经济和家庭情况。金斯伯格对人的早期职业生涯的发展做了精心的研究和具体的分析，但进入职业角色后如何进一步调整和发展职业生涯，并不是金斯伯格研究的重点，需要其他的理论体系来完善。

（二）舒伯的职业发展理论

舒伯是继帕森斯后职业发展研究领域又一位里程碑式的大师。在前人研究的基础上，他建立了一个宏大的理论体系，研究并划分了一个人一生的职业生涯。这一理论得到大多数职业生涯研究学者的认可，成为职业生涯研究领域的重要理论。

1953年舒伯提出了其职业发展理论的10条基本假设，1957年又扩展到12条，这12条基本假设代表了舒伯理论的核心。

（1）职业是一种连续不断、循序渐进又不可逆转的过程。

（2）职业发展是一种有秩序且有固定形态、可以预测的过程。

（3）职业发展是一种动态的过程。

（4）自我概念在青春期就开始产生和发展并于成年期转化为职业概念。

（5）青少年期至成人期，随着时间的推移及年龄的增长，现实因素（如人格特质及社会因素）对个人职业的选择越加重要。

（6）父母的认同会影响个人正确角色的发展和各个角色间的一致性及协调性，以及对职业生涯规划及结果的解释。

（7）职业升迁的方向及速度与个人的聪明才智、父母的社会地位、本人的地位需求、价值观、兴趣、人际技巧及供需情况有关。

（8）个人的兴趣、价值观、需求、父母的认同、社会资源的利用、个人的学历及所处社会的职业结构、趋势、态度等均会影响个人职业的选择。

（9）虽然每种职业对能力、兴趣、个人特质都有特定要求，但颇具弹性，所以允许不同类型的人从事相同的职业，或一个人从事多种不同类型的工作。

（10）工作满意度取决于个人能力、兴趣、价值观与人格是否能在工作中得到适当发挥。

（11）工作满意度的程度与个人在工作中自我实现的程度相关。

（12）对大部分人而言，工作及职业是人生的重心，虽然对少数人而言，这种机会是不重要的。

舒伯根据人的成长和心理发展过程，把人的职业生涯划分为五个主要阶段。

1. 成长阶段（0~14岁）

成长阶段属于认知阶段。在这一阶段，个人通过对家庭成员、老师、朋友的认同及相互作用，逐步建立起自我概念，并经历从职业好奇、幻想到感兴趣，再到有意识培养职业能力的逐步成长过程。这个阶段又可以分为三个时期。

（1）幻想期（0~10岁）。儿童从外界感知到许多职业，对自己觉得好玩和喜爱的职业充满幻想并进行模仿。

（2）兴趣期（11~12岁）。以兴趣为中心，理解、评价职业，开始做职业选择。

（3）能力期（13~14岁）。开始考虑自身条件与喜爱的职业是否相符，有意识地进行能力培养。

2. 探索阶段（15~24岁）

探索阶段属于学习打基础阶段。在这一阶段，个体将认真地探索各种可能的职业选择，对自己的能力和天资进行现实性评价，并根据未来的职业选择做出相应的教育决策，完成择业及最初就业。

（1）试验期（15~17岁）。综合认识和考虑自己的兴趣、能力与职业社会价值、就业机会，开始择业尝试。

（2）过渡期（18~21岁）。正式进入劳动力市场，或者进行专门的职业培训，明确某种职业倾向。

（3）实验期（22~24岁）。选定工作领域，开始从事某种职业，对职业发展目标的可行性进行实验。

3. 确立阶段（25~44岁）

确立阶段属于选择、安置阶段。经过早期的试探与尝试后，最终确立稳定的职业，并谋求发展，这一阶段是大多数人职业生涯周期中的核心部分。

（1）尝试期（25~30岁）：个人在所选的职业中安顿下来。重点是寻求职业及生活上的稳定。同时，对最初就业选定的职业和目标进行检讨，如有问题则需要重新选择、变换职业工作。

（2）稳定期（31~44岁）：致力于实现职业目标，是富有创造性的时期。

（3）职业中期危机阶段：在30~40岁中的某一时期，可能会发现自己并没有朝着自己的职业目标靠近或发现了新的目标，因而需要重新评价自己的需求和目标，这时就处于一个转折期。

4. 维持阶段（45~65岁）

维持阶段属于升迁和专精阶段。由于个体长时间在某一职业工作，在该领域已有一席之地，已不再考虑变换职业，只是维持已有的成就和社会地位；维持家庭和工作的和谐关系，传承工作经验，寻求接替人选。

5. 衰退阶段（65岁以上）

衰退阶段属于退休阶段，由于健康状况和工作能力逐步衰退，即将退出工作，结束职业生涯。因此，这一阶段要学会接受权力和责任的减少，学会接受一种新的角色，适应退休后的生活，以减缓身心的衰退，维持生命力。

舒伯以年龄为依据，对职业生涯阶段进行了划分，但现实中职业生涯是一个持续的过程，各阶段的时间并没有明确的界限，其历时长短也常因人而异，有时还可能出现阶段性反复。所以舒伯后期对理论进行了深化，他把每个阶段都划分为包括成长、探索、确立、维持、衰退等步骤的层次，这种大阶段套小阶段的发展呈螺旋循环发展的模式，使各阶段的发展任务更紧密相连。

发展理论的贡献主要表现在职业选择并不是个人面临择业时所出现的单一事件，它是个人生活中一个长期、连续的过程。由于职业发展贯穿人的一生，职业生涯规划也是一个系统而长期的过程。舒伯最杰出的贡献是提出了人一生职业发展阶段的完整模式，该模式具有重要的实践意义。舒伯的职业发展理论系统性极强，具有相当大的合理性，同时又吸收了已有理论的合理之处，因而涵盖面较广，其理论是职业生涯规划理论发展史中的里程碑。

（三）格林豪斯的职业发展理论

格林豪斯从人生不同年龄段职业生涯发展所面临的主要任务的角度，对职业生涯发展进行了研究，并以此为依据将职业生涯发展划分为五个阶段。

1. 职业准备阶段（0~17岁）

这一时期的主要任务是发展职业想象力，对职业进行评估和选择，接受必要的职业教育和培训。该年龄段的个体基本为学生，这一阶段他们开始了解社会上的各种职业，并对某些职业进行体验和评估，结合个人的目标和兴趣等进行初步的职业选择，并通过学校教育、专项培训等获得基本的职业能力，取得相应的从业资格证书等。

2. 进入组织阶段（18~24岁）

这一阶段的主要任务是在获取足量信息的基础上，在一个理想的组织中尽量选择一种合适的、较为满意的职业。该阶段被视为"找工作—找到工作—找到合适的工作"三步走的缩影时期。对于大多数职场新人来说，毕业初期经过一段时间找到工作，就职后进一步熟悉与了解所处的行业和职位，处于继续适应和学习中，如果对企业文化、行业、雇主不满意，可能就会选择离职换工作。因此，进入组织的时期往往是人们的职业体验期，在工作中了解自己真正的职业兴趣，评估职业，争取最适合自己的岗位。

3. 职业生涯初期（25~39岁）

职业生涯初期阶段的主要任务是学习职业技术，提高工作能力；了解与学习组织纪律和规范，逐步适应职业工作，融入组织；为未来的职业成功做好准备。不论是学习、生活还是工作，找到真正属于自己的兴趣，发现自己的天赋，满怀兴致地从事自己最期望的事业，这才是最理想的职业生涯。因此，在职业生涯初期，我们需要把自己和所在的行业、企业组织、职业相融合，这也是职场路上升职的必要基础，同时为职业的下一步做好必要的准备，努力前行或是转行跳槽。

4. 职业生涯中期（40~55岁）

职业生涯中期阶段的主要任务是对早期职业生涯重新评估，强化或改变自己的职业理想；选定职业，努力工作，争取有所成是这一阶段的主要任务。个体经历了前期的实践，对职业发展可能有了重新评估和选择的想法，是延续此前的发展道路继续前行，做出一番理想的事业；还是未雨绸缪，转换职业是这个阶段需要做出的重要决策。在这个年龄段，家庭、生活等各方面的责任与负担使我们的选择不容有丝毫的闪失。

5. 职业生涯后期（55岁以后）

继续保持已有职业成就，维护尊严，准备退休是这一阶段的主要任务。一方面继续发挥余热，另一方面也将对退休后的生活及时做出规划。年轻时的爱好、理想、未曾实现的愿望，都成为打发时间、寻找快乐的行动根源。

格林豪斯的职业生涯发展理论从个体的工作角度将职业生涯进程予以阶段性划分，涵盖了个人的整个职业生涯，逻辑上也很清晰，但从实际可操作性上来说，却似乎略显单薄。实际应用中，我们往往结合其他细分阶段的理论分析与整合特点，将大阶段分解为其中的小步骤、小目标，以此带动生涯发展的大循环。

（四）沙因的职业发展理论

沙因根据年龄将职业生涯划分为九个阶段。

1. 成长、幻想、探索阶段（0~21岁）

这一阶段的主要任务是发展和发现自己的需要和兴趣、能力和才干，为进行实际的职业选择打好基础；学习职业方面的知识，寻找现实的角色模式，获取丰富信息，发展和发现自己的价值观、动机和抱负，做出合理的受教育决策，将幼年的职业理想变为可操作的现实；接受教育和培训，开发工作中所需要的基本习惯与技能。在这一阶段，所充当的角色主要是学生与求职者。

2. 进入工作阶段（16~25岁）

这一阶段的主要任务是进入劳动力市场，谋取可能成为职业基础的第一份工作。在个人和雇主之间达成正式可行的契约，个人成为一个组织或一种职业的成员，充当的角色是应聘者、新成员。

3. 基础培训阶段（16~25岁）

在这一阶段，个体已经选择职业并成为某一组织的一员，这时需要扮演实习生、新手的角色。这一阶段的主要任务是了解、熟悉组织，接受组织文化，融入工作群体，尽快取得组织成员资格，成为一名正式的成员。同时，也要适应日常的操作程序，完成工作。

4. 早期职业的正式成员资格（17~30岁）

在这一阶段，个体已经取得组织的正式成员资格。这一阶段的主要任务是承担责任，成功地履行工作上分配的有关任务；培养和展示自己的技能与专长，为提升或进入其他领域的横向职业发展打基础。根据自身才干和价值观，根据组织中的机会和约束，重估当初追求的职业，决定是否留在这个组织或职业，或者在自己的需要、组织约束和机会之间寻找一种更好的平衡。

5. 职业中期（25岁以上）

在这一阶段，个体已经是处于职业中期的正式成员，主要任务是选定某一专业或进入管理部门；保持技术竞争力，在自己选择的专业或管理领域继续学习，力争成为一名专家或职业能手；承担更大的责任，确立自己的地位；开发个人的长期职业计划。

6. 职业中期危险阶段（35~45岁）

这一阶段的主要任务是现实地评估自己的进步、职业抱负及个人前途；就接受现状或者争取看得见的前途做出选择；建立与他人的良师关系。

7. 职业后期（40岁以后到退休）

这一阶段的主要任务是成为一名良师，学会发挥影响力，指导、指挥别人，对他人承担责任；扩大、发展、深化技能，或者提高才干，以承担更大范围、更重大的责任；如果选择安稳就此停滞，则要接受和正视自己影响力与挑战能力的下降。

8. 衰退和离职阶段（40岁以后到退休）

这一阶段的主要任务有三：一是学会接受权力、责任、地位的下降；二是基于竞争力和进取心下降，要学会接受和发展新的角色；三是评估自己的职业生涯，着手退休。

9. 离开组织或职业，即退休

在失去工作或组织角色之后，面临两大问题或任务：一是保持一种认同感，适应角色、生活方式和生活标准的急剧变化；二是保持自我价值，运用自己积累的经验和智慧，以各种资源角色，对他人进行传、帮、带。

需要指出的是，沙因虽然基本依照年龄增大顺序划分职业发展阶段，但并未囿于此，其阶段划分更多的是根据职业状态、任务、职业行为的重要性，又结合每人经历某一职业阶段的年龄差异性，只给出了大致的年龄跨度，所划分职业阶段的年龄有交叉。

三、职业生涯决策理论

职业生涯决策理论是从职业生涯决策的组成要素、步骤、程序、阶段及相关问题的角度，对个体职业选择、进行职业决策时存在的一些规律进行的探讨和总结。早期的生涯理论中，人们虽然认识到决策过程的重要，但是将此过程视为自然发生的。以帕森斯为代表的职业选择派学者认为,个人只要掌握了充分且正确的数据资料,就能在选择职业时做出正确的决定。他们较为强调资料的重要性,决策成为次要的必然结果。

随着生涯发展理论的不断发展,许多学者开始注意到,并不是只提供详尽的资料就能帮助个人做好职业选择,他们开始关注决策过程在生涯发展中的重要性,特别是决策过程中个人的行动,而不只是强调做决定前的资料搜集与整理分析。

生涯发展学家们不断肯定着决策过程的重要性,并将它视为求学深造或进入职场所必备的有效认知技能。于是,决策过程也由刚开始的配角上升为万众瞩目的主角,在生涯发展中占据了重要的位置,直至形成了生涯理论中的一个重要派别。

(一)彼得森的认知信息加工理论

认知信息加工理论作为职业生涯决策理论的重要代表,由盖瑞·彼得森(Gary Peterson)吸收了决策制定策略中各项理论基础并加以发展,于1991年提出了"认知信息加工金字塔模型"及"CASVE循环的核心观点",它们也是进行生涯决策时简单且行之有效的方法。

(1)信息加工金字塔。信息加工金字塔模型包括做出生涯选择所涉及的各个阶段,主要由三级组成,如图1-2所示。

第一级:知识领域。该领域类似计算机中的数据文件搜集和整理的过程,个体通过对性格、价值观、素质能力等的自我认知,以及对职场环境、职业教育等的职业认知这两个环节,来处理和加工相关信息,以帮助生涯问题解决和决策的制定。

第二级:决策技能领域。该领域类似于计算机的程序,主要包括进行良好决策的五个步骤,即CASVE循环,以指导个体如何进行生涯决策。

第三级:执行加工领域。该领域类似计算机的工作控制功能;在该领域中,个体将思考决策制定的整个过程,决定为实现目标而工作的时间、方式,解决生涯问题所采取的途径方法等。在该层级中还涉及了元认知的概念,认知是指人们的思维方式,人们对信息加工的过程,元认知则是认知的认知,是对认知过程的认知,也被称为反省认知。

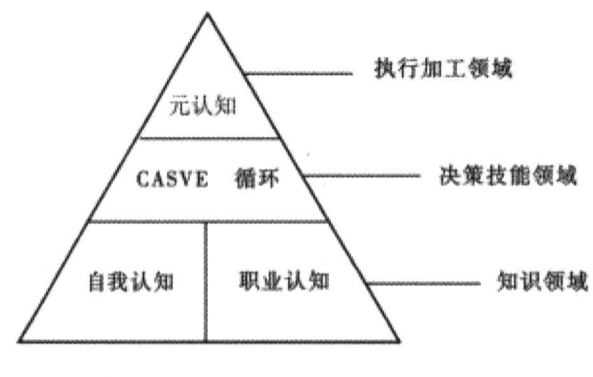

图1-2 信息加工金字塔模型

(2)CASVE循环。在认知信息加工理论中,做出决定被认为是生涯发展的关键环节,

续　表

该理论中的 CASVE 循环将逐一分析个体做出决策的具体过程。如图 1-3 所示，CASVE 循环主要是沟通、分析、综合、评估、执行这五个步骤的往返循环过程，以保证个体决策的顺利做出。

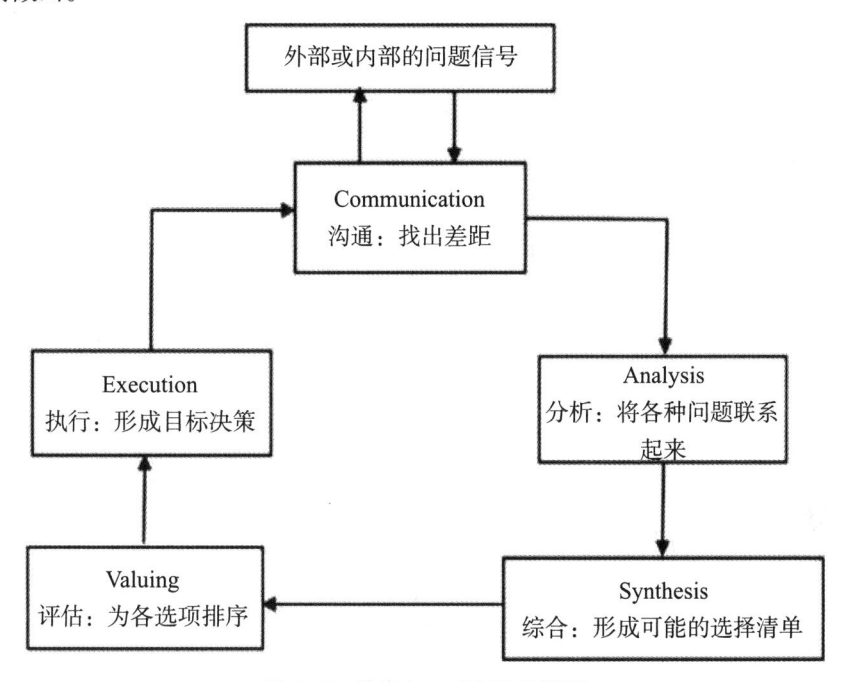

图 1-3　信息加工 CASVE 循环

①沟通（communication）。通过沟通的环节，我们会发现问题信号，觉察到理想情境与现实情况之间的差距，并由内部向外部以代表性信号表现出来，个体由此关注到问题的不可忽视性，意识到"我需要做出一个选择"，并开始启动 CASVE 循环。

②分析（analysis）。在发现问题后，我们需要思考、观察、研究，以更加具体地提出问题、考虑各种可能性的结果。要了解自己及自己的各种选择，了解自己获得信息的步骤，以及平时做出重要决策的方式，建立起自我认知、职业认知这两个领域间的联系，找出自身择业观和社会需求之间的契合程度，对不同的选择进行评价和分析。

③综合（synthesis）。综合阶段是扩大并缩减我们的选择清单的过程。我们要尽可能地扩展问题解决的选择清单，通过头脑风暴、全面撒网的方式以精心搜索各种选项。然后，要把这些选项予以综合，缩减到 3～5 项，主要保留与自己知识结构相一致的解决方法，使精简后的各选项都有助于问题的解决。

④评估（valuing）。对各选项的综合评估将有助于做出最终的正确决定。以求职岗位为例，我们将详细列出不同选择的目标、工作地区、待遇、发展空间、工作环境、行业文化等具有一定影响力的项目要素，逐项分析，综合评估。我们可以根据当事人的道德观念对每种选择进行判断，可以问问自己：对我个人而言什么是最好的；对重要的他人而言什么是最好的；对我所处的团体而言什么是最好的？在此基础上，对综合阶段得

出的各种选择进行排序，以此做出自己的最佳选择。

⑤执行（execution）。执行环节是对前面一系列选择的实施，通过时间表、里程碑式阶段性目标、预算、流程等的建构，为此前的第一选择进行实际操作。以求职岗位为例，我们需要进行前期的培训准备，中期的实习、兼职等实践检验，直至最后面试入职。在这个过程中，随之而来的可能还有压力和风险挑战，我们需要锲而不舍地用这些逻辑步骤来完成自己的目标，个体的决策过程也将更趋合理与完善。

通过沟通、分析、综合、评估、执行这一系列的循环过程后，我们需要审视、检验问题信号是否已经消失，问题的解决过程是否成功，是否需要启动新的 CASVE 循环，如果未能如愿，则将进入新一轮的循环。

（3）改善元认知的技能。我们在执行加工领域已经初步了解了元认知的概念，在这个决策制定的关键步骤中，提高对元认知的掌控技能是实现目标的重要途径。通常，元认知包含了以下三方面的过程：

①自我对话。自我对话即自己跟自己说话，这在很大程度上是一种重要的心理暗示，这些暗示也有正负消长作用之分，认为自己在某领域能胜任工作、有能力实现目标，有意识地进行自我对话是有必要的。积极的自我对话对决策的制定将产生一种积极的期待，它能强化个体积极的行动；反之，消极的自我对话对生涯决策有负面作用，严重打击个体的自信心，导致在决策制定上犹豫不决，阻碍正确决策的顺利做出。

②自我觉察。自我觉察是对行为和情绪的觉察。个人认识到自己是任务的执行者，在从事信息加工任务的时候不仅要意识到自己的感受，更要关注身边他人、团队的需要，适时微调，平衡自身、他人及社会的各方利益，做出于己、于人都利大于弊的选择。

③控制监督。控制监督认知的过程，将左右着我们行为和情绪的步调。如了解是前进或停下来搜集更多的相关信息；对决策过程中可能出现的冲动性反应做出及时的权衡；意识到自己存在的差距并关注各项准备工作，提醒自己承诺的期限等，这些都是受自我对认知的控制监督的影响。要使计划中的目标实现过程和实际行为步调相一致，需要把握好对认知的控制监督方式。

（二）克朗伯兹的社会学习理论

社会学习理论是由阿尔伯特·班杜拉（Albet Bandura）于 1977 年创立的，着眼于观察学习和自我调节在引发人的行为中的作用，重视人的行为和环境的相互作用，强调将个体放在自然的社会情境中研究其各类行为。他认为影响生涯选择的因素主要有以下几点：

（1）遗传因子与特殊能力，如身体的技能、外在障碍、内在意志、音乐与艺术能力等。

（2）环境情况与特殊事件，如社会的进步、社会机构的变化、劳动法规的各项细则、家庭的脉络资源等。

（3）学习经验，如对事物的认知与行为、观察式学习、工具性学习等。

（4）工作取向技能加设定目标、职业选择中的情绪反应方式等。

斯坦福大学职业生涯规划大师约翰·克朗伯兹（John Krumboltz）吸取班杜拉的社会学习理论精华，继承并发展了该理论。在分析了生涯选择影响因素的同时，还提出了职业决策的具体步骤模式，主要分为以下七个过程：

（1）界定问题。认识自我，明确自己想要什么，厘清自己的需求和个人的限制，了解自己的优势和不足，在此基础上明确目标和制定出实现目标的大致时间表。

（2）拟订行动计划。在明确自己需求目标的基础上，分析可能达到目标的各种行动方案，制定达到目标的流程。

（3）澄清价值。界定个人的选择标准，澄清自己的价值观要求，明确自己最想要的是什么，并将该标准用于评估测量各项备选方案。

（4）找到可能的选择。通过搜集资料，找到可能的备选方案以实现目标。

（5）评价各种可能的选择。依据自己的评价衡量标准，逐一评价各种可能的选择，分析比较各自利弊，找出可能的结果。

（6）有系统地删除不合适的方案，挑选最合适的选择。

（7）开始行动。开始执行行动方案，尽力达成预定的目标。

克朗伯兹的生涯社会学习理论特别强调社会及自身遗传因素对自我决策的影响，个人在做出职业选择时不仅要考虑"我想要什么"的个人因素，还需要兼顾"我可能得到什么""我能够做到什么"的社会、遗传等因素的影响。在这个选择过程中，学习的重要性也展露无遗，职业决策被视为一种可以习得的职业技能，这种技能是可以通过教育和学习来提升的。

（三）奇兰特的职业决策过程模式

奇兰特（Gelatt）于1962年提出了职业决策过程模式，认为决策是一连串的决定，任何一个决定将会影响其后来的决定，因此决策是一个发展的历程而非单一的事件。这也说明生涯决策不是一次选择或一个结果，而是持续不断地做决定、修正的终生历程。决策的基准在于选择有利因素最多、不利因素最少的方案。这个模式特别强调资料的重要性，奇兰特将个人处理资料的策略分成三个系统。

（1）预测系统。预测不同的选择可能会造成的结果，估算出每个行动可能造成该结果的概率，以此作为采取哪种行动方案的参考。

（2）系统。个人对于各种可能的行动方案的喜好程度。

（3）决策系统。评判各种行动方案的标准，其选择取向分为以下几种：

①期望取向，就是选择可能达成个体最想要的结果的行动方案。该方案与个体的职业观相一致，与个体的兴趣、特长相符，但成功概率小，所以存在着较大的风险。

②安全取向，选择最安全、最保险的行动方案。该方案适合追求稳定的人，但该方

案可能与个体的职业兴趣是不一致的。

③逃避取向，避免选择可能造成最不好结果的行动方案。这也适合追求稳妥、不爱挑战的人，选择的结果可能与个体的期望有一定差距。

④综合取向，综合考虑个体对行动结果的需求程度选择的行动方案。该方案成功率较高，可避免最不好的结果。

做决策的具体步骤：根据自己的需求确定决策目标；搜集与目标有关的信息资料，了解可能的行动方向；根据所得的资料，预测各个可能行动的成功概率及其结果；根据价值系统，估算个人对每个行动方案的喜好程度；评估各种可能方案，选择其中的一种方案执行；若达成目标则终止决定，等待下一个决定的出现；若没有成功，则继续调查其他可行的办法。

（四）丁克里奇的决策风格论

风格是指不同的人在做事方式上所表现出来的习惯性偏好。决策风格是影响决策效果与决策效率的重要因素。丁克里奇（Dinklage）通过访谈研究确定成人做职业生涯决策时所采取的策略和决策类型。丁克里奇发现个人在决策时有八类风格：冲动型，进行决策时相当冲动，非常随意；宿命型，相信命运，相信可遇不可求，一定要等到确定的机会才进行决策；顺从型，自己无法做主，而顺从他人为自己确定的决策；延迟型，喜欢拖拉，不到最后一刻不进行决策；烦恼型，总是希望尽可能多地收集与决策相关的信息，但又无法摆脱担心和烦恼；计划型，非常理性、有条不紊、按部就班地收集信息，做出分析并进行决策；直觉型，相信感觉，依据感觉的好坏来进行决策，但又不能具体说明原因；瘫痪型，愿意接受进行决策的责任，但又非常恐惧焦虑，导致不能进行任何实质性的决策。这八种决策风格没有绝对的优劣之分，各有其适用的范围和局限性。决策风格既受个性的影响，又受环境的塑造，并非绝对无法改变。

第二章 职业生涯决策

第一节 职业目标的确定

歌德说过,决定一个人的一生,以及整个命运的,只是一瞬。大学生必须有自己清晰而又合理的职业目标,并且根据不同的职业发展阶段,把职业目标分解成各个阶段的子目标,通过每个阶段子目标的实现,进一步实现自己的总目标,实现自己的职业理想。

一、确定职业目标的意义与作用

(一)目标的含义

目标是个人、部门或整个组织所期望实现的成果。目标是人的追求,人在不同情况下的追求是不同的。目标再低的人也还是有目标的,生存实际上就是每个人的最低目标。不同的人生存的要求不同,形成了不同层次的需要和目标。

(二)职业目标的概念

职业目标是指人们对未来职业所表现出来的一种强烈的追求和向往,是人们对未来职业生活的构想和规划,它是追求成功的驱动力。职业目标是人们在职业上的追求、期望,如"人力资源总监"就是一个职业目标,而"人力资源方面的工作"就不是职业目标,只是一个职业发展方向。

(三)确立职业目标的意义

职业目标是职业生涯路上的指南针和航标。它如同分水岭一样,轻而易举地把资质相似的人们分为少数的职业精英和多数的平庸之辈。前者主宰了自己的命运,后者随波逐流,碌碌无为。所以,确立职业目标是制订职业生涯规划的关键。

(四)确立职业目标的作用

目标能让人产生积极的心态,使你看清使命,产生动力;目标能让你感受到生存的意义和价值,使你把重点从过程转到结果;目标有助于你分清轻重缓急把握重点,使你集中精力把握现在；目标能提高激情，有助于评估进展，使人产生信心、勇气和胆量；目标能督促人自我完善、永不停步，最终使你成为一个成功的人。

二、职业生涯目标的分类与特征

职业生涯目标是指个人在选定的职业领域内的未来时点上所要达到的具体目标，包括短期目标、中期目标和长期目标。目标有极强的时间性，在谈任何目标的时候首先要明确时间范围，然后才是内容范围。

职业生涯目标的确定包括人生目标、长期目标、中期目标与短期目标的确定，它们分别与人生规划、长期规划、中期规划和短期规划相对应。一般情况下，我们首先要根据个人的专业、性格、气质和价值观及社会的发展趋势确定自己的人生目标和长期目标，其次把人生目标和长期目标进行分化，根据个人的经历和所处的组织环境制定相应的中期目标和短期目标。

（一）人生规划

整个职业生涯的规划，时间长达40年左右，设定整个人生的发展目标，如规划成为一个有数亿元资产的公司董事。

（二）长期规划

5~10年的规划，主要设定较长远的目标。如规划到30岁时成为一家中型公司的部门经理，到40岁时成为一家大型公司的副总经理，等等。长期职业目标具有以下六个方面的特征：①目标是自己认真选择的，和组织、社会的发展需求相结合；②目标很符合自己的兴趣、价值观，能为自己的选择感到骄傲；③目标能用明确的语言定性说明；④有实现的可能，并有更大的挑战性；⑤目标与志向相吻合，能够立志通过努力实现理想；⑥目标与人生目标相融合，指导自己为创造美好未来坚持不懈。

（三）中期规划

一般为2~5年的规划。如规划到不同业务部门做经理，规划从大型公司的部门经理到小公司做总经理，等等。中期职业目标具备以下六个方面的特征：①目标是结合自己的志愿、组织的环境及要求制定的，与长期目标相一致；②目标基本符合自己的兴趣、价值观，使人充满信心，且愿意公之于众；③目标切合实际，并且未来的发展有所创新，有一定的挑战性；④目标能用明确的语言定量与定性说明；⑤目标有比较明确的执行时间，根据外部环境变化可做适当的调整；⑥目标可以发挥自己的能动性，实现的可能性非常大。

（四）短期规划

两年以内的规划，两年内掌握哪些业务知识，等等。在确定以上各种类型的职业生涯目标后，就要制订相应的行动方案来实现它们，把目标转化成具体的方案和措施。在这一过程中，比较重要的行动方案有职业生涯发展路线的选择、职业的选择和相应的教育培训计划的制订。短期职业目标具备以下六个方面的特征：①目标表述清晰、明确；②目标对于本人具有意义，与自我价值观和中长期目标一致，有可能暂时不能完全满足自己的兴趣要求，但可"以迂为直"；③目标切合实际，并非幻想；④有明确的具体完成时间；⑤有明确的努力方向，通过努力能达到，实现起来完全有把握；⑥目标精练。

三、如何确定自己的职业目标

人在职场，为什么一定要选择职业目标呢？如果你不清楚自己要朝哪个方向走下去，通常会原地踏步。就像大海中的航船、空中的飞机，没有目标无法前行。人生的职业发展要有明确的目标，学业和专业都要与职业目标协调一致。如果职业没有目标，随时有可能陷入停滞状态。

（一）大学生确定职业目标的原则

1. 可行性原则

可行性原则是指职业目标通过自己的努力可以实现。如果付出了艰辛努力仍然实现不了，这样的职业目标会给自己造成挫败感，影响自己实现职业目标的积极性，甚至对职业生活丧失信心。

2. 挑战性原则

挑战性原则是指职业目标要有一定的压力性，自己必须通过努力工作才能达到，这样的职业目标有利于促进个人的进步。把目标适当定高一点，只有当你用尽全部力气向上跳时，才可以"摸"到这个目标。

3. 清晰性原则

清晰性原则是指职业目标必须清晰、明确，实现职业目标的步骤必须务实有效。比如"我打算通过每天慢跑1小时在本周内减轻体重0.5千克"就比"我打算通过每天锻炼1小时减肥"更明确、更具体。

4. 适应性原则

适应性原则是指职业目标必须适应社会发展的需要，对环境的变化有一定的弹性，能根据环境的变化做出相应的调整。

5. 一致性原则

一致性原则是指主要目标与分目标要一致，目标与措施要一致，个人目标与组织发展目标要一致。短期目标指向中期目标，中期目标指向长期目标，长、中、短期目标都指向总目标的最终实现。

6. 激励性原则

激励性原则是指职业目标符合自己的性格、兴趣和特长，对自己产生内在激励作用。

7. 全程性原则

全程性原则是指在整个职业生涯过程中，都有自己的职业目标相伴，作为自己职业生涯的指南针和航标。

（二）大学生确定自己职业目标的途径及注意事项

1. 盘点自己

如果一个人清楚地知道自己想做什么、适合做什么、能做什么，就一定能够找到发展自己的人生舞台，并演绎出多彩的职业人生。盘点自己主要是盘点个人的能力、个人的兴趣与爱好、个人的性格与气质、个人的学识水平、个人的技能，进而综合评价职业自我。

2. 分析自己

这是一个非常有用的机会评估工具（SWOT法）。

优势分析：你曾经做过什么、你学习了什么、最成功的是什么？

劣势分析：性格的弱点，经验或经历中所欠缺的方面。

机会分析：对社会大环境的分析，对自己选择企业的外部分析，对人际关系的分析、潜在的危险分析。

分析自己的学业、专业与职业。学业是职业发展的基础，应该根据自己的能力与专业来选择自己的职业，确立职业目标。清楚地认识自己，就是要对自己的专业和职业进行完美组合，处理好专业与职业的五种关系，即专业包容职业、以专业为核心、专业与职业部分重合、专业与职业相切、专业与职业分离。

在对发展路线的抉择过程中，可以针对下面三个问题询问自己：我想往哪一条路线发展？我适合往哪一条路线发展？我可以往哪一条路线发展？

3. 职业目标的标准

职业目标必须是自己认真选择的：对选择的结果要认真评估；对目标充满信心；要符合社会与组织的需求；愿付出行动来完成；适合你的生活模式；符合你的价值观。同时要注意：不要太贪心；目标要具体明确；高低适度；兼顾平衡；个人目标与企业目标要一致。就事业目标而言，同一时期目标不宜多，最好集中为一个。在选择的时间上不宜拖得过长；在选择的对象上不宜同时选两个以上目标；在考虑社会需要与个人的价值观、兴趣、个性、能力及年龄大小的因素，人际关系因素，经济状况因素，本职工作因素的基础上，注意扬长避短。

总的情况下有三种职业生涯发展路线可供参考：专业技术型发展路线、行政管理型发展路线和自我创业。选择适合自己的，把握好大的奋斗方向，才能少走弯路。

4. 职业目标的设定

很多时候，我们所盼望的东西并不真正适合我们，可是往往为了别人的眼光，我们委屈了自己。人的一生，有很多这种美丽的诱惑，正如世间有太多好看的鞋子，我们所选择的只是适合自己的。一件东西、一项职业，抑或一生的选择，并不在于它是否美丽奢华、被人羡慕，关键在于对自己是否真的适合。

择己所爱，择己所长，择世所需，择己所利。

要以自己的最佳才能、最优性格、最大兴趣、最有利的环境等为依据。通常设定目标时分短期目标、中期目标、长期目标和人生目标。在确立目标时把握好"三定"原则。

（1）"定向"：定职业方向。

（2）"定点"：定职业发展的地点。

（3）"定位"：定自己的水平、能力、薪资期望。

除了这"三定"，还有很重要的"一定"，就是"定心"。

5. 职业目标的调整

在现实生活中，想不通过自我调整就找到一个"完全适合"自己的职业，几乎是不可能的。在寻找完善自我的具体目标时，要相信兴趣是可以培养的，性格是可以完善的，能力是可以提高的，潜能是可以挖掘的。以此为基础，因势利导、适当调整。

6. 确立职业目标时常见的问题

（1）从经济实惠出发，错用了自己的聪明才智；

（2）从一时兴趣出发，不清楚自己的真正志趣；

（3）从社会热门出发，没发挥自己的实际专长；

（4）从朋友爱好出发，缺乏个人的独立见解。

针对以上常见问题，在确立职业目标时青年学生一定要注意以下几点：

（1）不能没有方向；不能同时有很多方向；不能总改方向。

（2）成功的最佳目标不是最有价值的那个，而是最有可能实现的那个。

（3）放弃"我不行"的念头，青年时期可塑性强，往往有许多潜能，却被自己以各种理由忽略和否定。

（4）淡化自己的弱点和缺陷，不管自己有何弱点和缺陷，都要坚信只要自己努力，就能够取得非凡成就。

（5）目标要留有余地。生涯目标要留有余地，也就是在实现目标的时间安排上，不要过急、过满或过死。

四、如何实现职业目标

个人在不同的发展阶段，对人生的追求和对职业的需要是不同的。孔子在《论语·为政篇》中曰："三十而立，四十而不惑，五十而知天命，六十而耳顺，七十而从心所欲，不逾矩。"这是我国古人对人生和职业阶段的划分。现代人由于寿命的延长和工作节奏的加快，对职业发展阶段的划分也有所变化。一般来说，20多岁时希望尽快进入工作角色，30岁左右时希望走向重要岗位，40岁时力求有所突破，50岁时则力求平稳。大学生正确认识职业发展规律及自己所处的发展阶段，对制订有效的职业生涯规划是非常重要的。职业生涯总目标的实现需要分阶段来实现。

（一）分解职业目标

职业生涯目标是一系列目标的组合，需要分阶段来实现。目标分解是将目标清晰化、具体化的过程，是将目标量化成可操作的实施方案的有效手段。职业目标分解是根据观念、知识、能力差距，将职业生涯长期的远大目标分解为有时间规定的长、中、短期分目标，直至将目标分解为某个确定日期可以采取的具体步骤。

1. 按时间分解

按时间分解是最常见并且也是很容易掌握的目标分解方法，可分解为最终目标、长期目标、中期目标和短期目标。

2. 按性质分解

按性质分解可分为外职业生涯目标和内职业生涯目标。其中，外职业生涯目标包括工作内容目标、职务目标、工作环境目标、经济收入目标、工作地点目标等；内职业生涯目标则侧重于在职业生涯过程中的知识和经验的积累、观念和能力的提高及内心的感受，主要包括工作能力目标、工作成果目标、提高心理素质目标、观念目标等。

无论从哪种职业生涯发展阶段理论来看，在校大学生这个群体都是处于职业探索和准备阶段，对未来的职业充满想象，需要系统地学习专业知识，了解职业的特性，为未来的职业生涯做好准备。在这个阶段，大学生需要形成自己的职业目标，并把总的职业目标按照一定的方法进行分解，形成适合自己的职业发展阶段及各个阶段的子目标，一步一步前进，直到接近或实现自己的职业目标。

（二）树立正确的职业理想，明确自己的职业目标

职业理想在人们职业生涯设计过程中起着调节和指向作用。一个人选择什么样的职业，以及为什么选择某种职业，通常都是以其职业理想为出发点的。任何人的职业理想都必然要受到社会环境、社会现实的制约。社会发展的需要是职业理想的客观依据，凡是符合社会发展需要和人民利益的职业理想都是高尚的、正确的，并具有现实的可行性。大学生的职业理想更应把个人志向与国家利益和社会需要有机结合起来。

（三）正确进行自我分析和职业分析

首先，要通过科学认知的方法和手段，对自己的职业兴趣、气质、性格、能力等进行全面认识，清楚自己的优势与特长、劣势与不足。避免设计中的盲目性，达到设计高

度适宜。其次，现代职业具有自身的区域性、行业性、岗位性等特点。要对该职业所在的行业现状和发展前景有比较深入的了解，比如人才供给情况、平均工资状况、行业的非正式团体规范等；还要了解职业所需要的特殊能力。

（四）构建合理的知识结构

知识的积累是成才的基础和必要条件，但单纯的知识数量并不足以表明一个人真正的知识水平，人不仅要具有相当数量的知识，还必须形成合理的知识结构，没有合理的知识结构，就不能发挥其创造的功能。合理的知识结构一般有宝塔型和网络型两种。

（五）培养职业需要的实践能力

综合能力和知识面是用人单位选择人才的依据。一般来说，进入岗位的新人，应重点培养满足社会需要的决策能力、创造能力、社交能力、实际操作能力、组织管理能力和自我发展的终身学习能力、心理调适能力、随机应变能力等。

（六）参加有益的职业训练

职业训练包括职业技能的培训、对自我职业的适应性考核、职业意向的科学测定等。现在校内外这方面的培训比较多，参加一些有针对性的、专业的职业培训，可以快速提高个人能力，掌握职业的主动性。

第二节　职业决策

大学生踏入社会之前，就面临一系列的职业决策。进行职业定向、确立职业目标、选择职业生涯路径，确定大学期间的目标、采取何种策略和方法实现目标，以及大学毕业时或走上工作岗位后如何选择职业，选择何种行业、何种职业，如何才能保证自我的个性特征与所选职业之间的高度匹配，等等，都是大学生需要分析与思考并最终做出决策的问题。

职业决策是职业生涯规划中的前导部分，制定的决策是否具有可行性，直接决定着职业生涯规划能否成功。希望获得最理想的职业发展目标，就要认真地对自己进行完全的剖析，知道自己希望得到什么，这一生自己应该在这个社会里获得什么，这就需要自己认真制定职业决策了。而这些只有自己最清楚，也只有自己最了解自己。

一、职业决策的定义

决策是指为达到一定目标，从两种以上的可行方案中选择一个合理方案的分析判断过程。职业决策（career decision-making）又称职业生涯决策或职业决定，它有广义和狭义之分，广义的职业决策是指一个完整职业规划的过程；狭义的职业决策是指职业规划过程中的一个环节。

职业决策的七个重大人生选择：

1. 选择何种行业。
2. 选择行业中的哪一种工作。
3. 选择所适用的策略，以获得某一种工作。
4. 从数个工作机会中选择其一。
5. 选择工作地点。
6. 选择不同价值取向的工作。
7. 选择生涯目标或系列的升迁目标。

二、制定职业决策的注意事项

（一）制定职业决策需要结合自己的性格、特长和兴趣

职业生涯能够成功发展的核心，就在于所从事的工作的要求正是自己所擅长的。比如，如果一个人性格内向、不善于与人沟通，没有很好的交际意识，那么这个人就很难成为一名成功的管理人员。制订职业规划一定要认真分析自己的优缺点。

从事一项自己擅长并喜欢的工作，工作会很愉快，也容易脱颖而出。这正是成功的职业规划的核心所在。

（二）要考虑到实际情况，并具有可执行性

很多大学生刚开始时满怀雄心壮志，一心想着出人头地。但是实际工作是一种积累的过程——资历的积累、经验的积累、知识的积累，所以职业规划不能好高骛远，而要根据自己的实际情况和社会情况，一步一个脚印，层层晋升，最终方能成就梦想。

（三）要学会借鉴经验，但不能照搬

影响一个人理性职业决策的因素，有上面提到的个人的性格、特长和兴趣等内在因素，还有一些具体的外部因素，比如，我们的专业、所从事的行业，该专业、行业的发展情况和前景。事实上，一个人的耐心度与细心度对一个人的职业决策影响是最大的，一个没有足够耐心和细心的人，不管制定什么样的职业决策都是无效的。

你知道的知名人士，不管是谁，不管是成功还是失败，其实都是可借鉴的。

比如林肯、海尔公司的张瑞敏、张海迪、你的父亲。我们了解他们成长的历史，去看看他们为什么成功，去了解他们为什么失败，这对我们的职业决策的制定是有着极大的帮助。

在某种程度上，他们走过的路，就是我们将来的路。我们应该借鉴他们的经验，并

把我们的兴趣特长组合起来，制订最适合我们的职业规划。

不管什么人，制定什么样的职业决策，都不能照搬照套，哪怕你所选择的人所选择的模型跟你几乎完全一模一样，都不可以完全照搬使用。事实上，世界上本身就不存在相同的两个人，自然也不存在相同的职业决策。

（四）职业决策必须有可持续发展性

职业决策不能仅制定一个阶段性的目标，应该是一连串的、可以贯穿自己整个职业发展生涯的远景展望。如果职业决策定得过于短浅，后面又没有后续职业决策点来支撑，肯定会使人丧失奋斗的热情，且不利于自己的长远发展。

三、影响职业发展决策的因素

职业发展决策是个复杂的过程，影响它的因素有很多，既有外在的，也有内在的。

（一）个人条件的影响

1. 健康

健康是最具影响力的一项，几乎所有的职业都需要健康的身体。张三是名学舞蹈的学生，因某种原因造成残疾，于是他再也不可能走其所喜爱的舞蹈职业这条道路了。当然，也有人因为与厄运做斗争而变得更加坚强，如霍金、张海迪等。

2. 个性特征

不同气质、性格、能力的人适合不同类别的工作。如多血质的人较适合做管理、记者、外交官等，不适合做过细的、单调的机械性的工作。如果做与自己个性特征不相吻合的工作，容易觉得自己的活力被束缚、思想被禁锢。

3. 兴趣爱好

与职业选择有关的兴趣称为职业兴趣。不同职业兴趣要求对应的职业不同。如喜欢具体工作的，相应的职业有室内装饰、园林、美容、机械维修等；而喜欢抽象和创造性工作的，相应地职业有经济分析师、新产品开发、社会调查、各类科研工作等。

4. 负担

负担是指对别人（多为家人和朋友）、对社会及对财务状况所承担的义务。成人必定会受各种义务的束缚，选择职业也绝不可能毫不考虑个人的生活状态。

5. 性别

虽然法律规定男女平等，但性别因素仍然在职业发展中扮演着重要的角色。职业性别隔离严重存在，很少有人能漠视性别问题。当然，如果你坚信男女两性在智慧和能力上基本相同，那么你的性别应该不会影响你的事业选择和事业成功。

6. 年龄

对工作的看法和态度、对机会尝试的勇气、对胜任任务的能力和经验，不同的年龄表现都有所不同。

7. 所受的教育

一个人所受到的教育程度和水平，直接影响着他的职业选择方向和获得他喜欢的职业的概率。

（二）家庭的影响

每个人所生长的家庭环境，对他们的就业大有影响。首先，家庭教育方式的不同，造成他们认知世界的方法不同；其次，父母的职业是孩子最早观察模仿的角色，孩子必然会得到父母职业技能的熏陶；最后，父母的价值观、态度、行为、人际关系等对个人的职业选择起到直接和间接的深刻影响。因而，我们常常看到艺术世家、教育世家、商贾世家等。

（三）朋友、同龄群体的影响

朋友、同龄群体的工作价值观、工作态度、行为特点等不可避免地会影响到个人对职业的偏好、选择从事某一类职业的机会和变换职业的可能性等方面。

（四）社会环境的影响

社会环境中流行的工作价值观、政治经济形势、产业结构的变动等因素，都在个人职业选择上留下深深的烙印。"20 世纪 50 年代的兵、70 年代的工人、90 年代的个体户，21 世纪的 IT 业商人"，每年的职业地位排序都对高考志愿的选择和就业选择起到不可低估的影响。不同的社会环境所给予个人的职业信息是不同的。

不能否认，一个人的职业生涯决策的决定因素中也有称为机遇的随机性的成分，但完全让命运摆布的人毕竟是少数，多数人对自己未来的发展能够从内外因素进行理性分析，从而有效地进行职业生涯的选择。

四、决策的责任与风险

决策风险是指在决策活动中，由于主体、客体等多种不确定因素的存在，而导致决策活动不能达到预期目的的可能性及其后果。

任何一种决策都是在一定环境下，按照一定程序（流程），由单个人或多个人的集体做出的。决策不只是一个客观过程，还涉及大量的个人的情感及价值判断等主观因素。降低决策风险，减少决策失误，一直以来都是人们所关注和探讨的问题。

第三节 做出我的决策

一、决策平衡单法

（一）决策平衡

1. 决策平衡的内涵

决策平衡是指在决策实践中，一般难以如古典决策理论所主张的那样求得绝对最优解，决策者只能在各种因素之间做出权衡，寻求一个在折中协调基础上大致平衡的结果，并且这个"平衡点"随着决策对象和决策环境的动态变化而不断变动。

2. 决策平衡的方法

决策者通常要在以下几个方面做出平衡。

（1）不同目标与准则之间的平衡。

（2）不同时间之间的平衡。

（3）效益与代价及风险之间的平衡，效益好必然伴随代价高、风险大。

（4）局部与整体之间及局部的彼此之间的平衡。

3. 决策平衡的经典案例

日本尼西奇公司在战后初期仅有30余名员工，生产雨衣、游泳帽、卫生带、尿布等橡胶制品，订货不足，经营不稳，企业有朝不保夕之感。公司董事长多川博从人口普查中得知，日本每年大约出生250万名婴儿，如果每个婴儿用两条尿布，一年就需要500万条，这是一个相当可观的尿布市场。多川博决心放弃尿布以外的产品，把尼西奇公司变成尿布专业公司，集中力量，创立名牌，成了"尿布大王"，资本仅1亿日元，年销售额却高达70亿日元。为了适应市场的需要，在权衡各种因素后，多川博选择了适应市场的需要而进行新产品的开发。

（二）决策平衡单

1. 决策平衡单的内涵

"决策平衡单"（decision-making balance sheet）经常被应用于问题解决模式和职业咨询中，用以协助咨询者系统地分析每一个可能的选项，判断分别执行各选项的利弊得失，然后依据其在利弊得失上的加权计分排定各个选项的优先顺序，以执行最优先或偏好的选项。

2. 决策平衡单的主体框架与要素

（1）自我物质方面的得失（utilitarian gains or losses for self）。

（2）他人物质方面的得失（utilitarian gains or losses for significant others）。

（3）自我赞许与否（self-approval or disapproval）。

（4）社会赞许与否（social approval or disapproval）。

（5）相关要素。

3. 职业决策平衡单

很多人在遇到职业选择问题时都会感到困惑、迷茫，因为每个决策都对我们的人生起着至关重要的作用。与其在茫然中挣扎，不如拥有一个正确科学的方法，恰当地权衡得失。职业决策平衡单，可以帮我们更好地进行有效的决策。

二、SWOT 分析法

（一）SWOT 分析法简介

SWOT 是用来确定企业自身的竞争优势、竞争劣势、机会和威胁，从而将公司的战略与公司内部资源、外部环境有机地结合起来的一种科学的分析方法。

所谓 SWOT 分析，即基于内外部竞争环境和竞争条件下的态势分析，就是将与研究对象密切相关的各种主要内部优势、劣势和外部的机会与威胁等，通过调查列举出来，并依照矩阵形式排列，然后用系统分析的思想，把各种因素相互匹配起来加以分析，从中得出一系列相应的结论，而结论通常带有一定的决策性。

运用这种方法，可以对研究对象所处的情景进行全面、系统、准确的研究，从而根据研究结果制订相应的发展战略、计划及对策等。

S（Strengths）是优势、W（Weaknesses）是劣势，O（Opportunities）是机会、T（Threats）是威胁。按照企业竞争战略的完整概念，战略应是一个企业"能够做的"（组织的强项和弱项）和"可能做的"（环境的机会和威胁）之间的有机组合。

（二）SWOT 分析的步骤

1. 罗列企业的优势和劣势、可能的机会与威胁。

2. 优势、劣势与机会、威胁相组合，形成 SO、ST、WO、WT 策略。

SO 策略：着重考虑优势因素和机会因素，目的是努力使这两种因素都趋于最大。依靠内部优势，利用外部机会。

WO 策略：着重考虑劣势因素和机会因素，目的是努力使劣势趋于最小，使机会趋于最大。利用外部机会，弥补内部劣势。

ST 策略：着重考虑优势因素和威胁因素，目的是努力使优势因素趋于最大，使威胁因素趋于最小。利用内部优势，规避外部威胁。

WT 策略：考虑劣势因素和威胁因素，目的是努力使这些因素都趋于最小。减少内部劣势，规避外部威胁。

3. 通过分析，选择和自己的优势及外部机会最匹配的职业目标。

① S 和 W：优势和弱势（评估自己的优势和劣势）。

优势和劣势主要从以下方面考虑：个性特征、主要经历和体验分析，教育背景分析，成功和失败的事件分析，等等。

找出我们的劣势和找出我们的优势同样重要，我们可以基于自己的优势和劣势做出两种选择：一是努力弥补和提高自己的劣势之处；二是努力发扬自己的优势之处。

② O 和 T：机会和威胁（评估行业的机会和威胁）。

每一个行业在发展中都存在机会和威胁，看清楚了你向往的行业所存在的机会和威胁，有助于你成功地进入使自己的能力得以充分发挥的领域。如果你所从事的职业刚好处于一个常受到外界不利因素影响的行业里，那么你的发展将受到很大的限制。相反，充满了许多积极的外界因素的行业将为职业者提供广阔的职业前景。因此，在决策之前，先列出自己感兴趣的一两个行业，然后认真地评估这些行业所面临的机会和威胁。

（三）应用 SWOT 分析法的注意事项

1. 进行 SWOT 分析的时候必须对公司的优势与劣势有客观的认识。

2. 进行 SWOT 分析的时候必须区分公司的现状与前景。

3. 进行 SWOT 分析的时候必须考虑全面。

4. 进行 SWOT 分析的时候必须与竞争对手进行比较，比如是优于还是劣于你的竞争对手。

5. 保持 SWOT 分析法的简洁化，避免复杂化与过度分析。

6. SWOT 分析法因人而异。

（四）SWOT 分析法的个人案例解析

1. 对于个人职业决策的意义

SWOT 分析法能帮你清晰地把握全局，分析自己在资源方面的优势与劣势，把握环境提供的机会，防范可能存在的风险与威胁，对我们的成功有非常重要的意义。

2. 案例

一名师范大学毕业的男研究生，心理学专业，在校期间专业成绩优秀，曾多次获得奖学金，发表论文若干，且一直担任学生干部。但他性格急躁，容易冲动，而且没有直接的工作经历，唯一的工作经历是大学二年级时在一家大型电子公司的人力资源部门实习了半年。现在他想谋求一份人力资源管理的工作。

三、决策树法

（一）决策树

1. 决策树（Decision Tree）的概念

决策树是在已知各种情况发生概率的基础上，通过构成决策树来求取净现值的期望值大于等于零的概率，评价项目风险，判断其可行性的决策分析方法，是直观运用概率分析的一种图解法。由于这种决策分支画成图形很像一棵树的枝干，故称"决策树"。决策树是一种树形结构，其中每个内部节点表示一个属性上的测试，每个分支代表一个测试输出，每个叶节点代表一种类别。

决策树是一种十分常用的分类方法。它是一种监管学习。所谓监管学习就是给定一堆样本，每个样本都有一组属性和一个类别，这些类别是事先确定的，那么通过学习得到一个分类器，这个分类器能够对新出现的对象给出正确的分类。这样的机器学习就被称为监管学习。

2. 决策树的结构

决策树是以方框和圆圈为节点，并由直线连接而成的一种树形的图形，它由以下几个因素构成：

（1）决策点与方案枝。

某项决策的出发点，称为决策点，用"□"表示。方框内可用符号表示其为第几级决策点。

某项决策应有若干可供选择的方案，用从决策点引出的若干条直线表示，叫作方案枝。在方案枝的上下侧可注明方案的含义及参数。

（2）状态节点与状态枝。

方案在实施过程中由于存在风险性与不确定性，可能会出现多种机会或状态，方案在各种自然状态下所能获得的结果（如收益或成本）用圆圈表示，称为状态节点或机会点。每一方案可能出现的各种状态用由状态节点引出的若干条线表示，称为状态枝。各种状态的代号与概率等参数可标在状态上下侧，故又称其为概率枝。

（3）结果点与损益现值。

方案在某种状态下可能获得的结果用"△"表示，称为结果点。在结果点之后可分别列出其损益现值，所谓损益现值就是对方案在某种状态下损失或收益的度量结果的现值，即状态净现值。由以上符号构成的图形像一棵树，所以称为决策树。

作为一种决策工具，决策树分析简洁，形象直观，可以把全部决策方案和可能出现的各种自然状态，以及在不同自然状态下的结果，都形象地显示在全部的决策过程中。它是帮助项目评估人员进行分析比较方案的有用工具，近年来在项目评估工作中得到了广泛应用。

3.决策树的剪枝

剪枝是决策树停止分支的方法之一，剪枝又分预剪枝和后剪枝两种。预剪枝是在树的生长过程中设定一个指标，当达到该指标时就停止生长，这样做容易产生"视界局限"，就是一旦停止分支，使节点N成为叶节点，就断绝了其后继节点进行"好"的分支操作的任何可能性。不严格地说，这些已停止的分支会误导学习算法，导致产生的树不纯度降差最大的地方过分靠近根节点。后剪枝中树首先要充分生长，直到叶节点都有最小的不纯度值为止，因而可以克服"视界局限"。然后对所有相邻的成对叶节点考虑是否消去它们，如果消去能引起令人满意的不纯度增长，那么执行消去，并令它们的公共叶节点成为新的叶节点。这种"合并"叶节点的做法和节点分支的过程恰好相反，经过剪枝后叶节点常常会分布在很宽的层次上，树也变得非平衡。后剪枝技术的优点是克服了"视界局限"效应，而且无须保留部分样本用于交叉验证，所以可以充分利用全部训练集的信息。但后剪枝的计算量代价比预剪枝方法大得多，特别是在大样本集中，不过对于小样本的情况，后剪枝方法还是优于预剪枝方法的。

（二）决策树法概述

1.决策树法的含义

决策树法利用了概率论的原理，并且利用一种树形图作为分析工具。其基本原理是用决策点代表决策问题、用方案分枝代表可供选择的方案、用概率分枝代表方案可能出现的各种结果，经过对各种方案在各种结果条件下损益值的计算比较，为决策者提供决策依据。

决策树法是常用的风险分析决策方法。该方法是一种用树形图来描述各方案在未来收益的计算、比较及选择的方法，其决策是以期望值为标准的。人们未来可能会遇到好几种不同的情况，每种情况均有出现的可能，人们目前无法确知，但是可以根据以前的资料来推断各种自然状态出现的概率。在这样的条件下，人们计算的各种方案在未来的经济效果只能是考虑到各种自然状态出现的概率的期望值，与未来的实际收益不会完全相等。

如果一个决策树只在树的根部有一个决策点，则称为单级决策；若一个决策不仅在树的根部有决策点，而且在树的中间也有决策点，则称为多级决策。

决策树法为在做职业决策时的职业犹豫者提供了有效的帮助。

进行科学的决策是项目评估工作中的主要目的之一。科学的决策方法就是对比判断，即对拟建项目的备选方案进行比选。但是，决策存在一定的风险性，项目评估工作中的大量决策基本属于风险型决策。

概率分析为在风险条件下决定方案取舍的方法，决策树分析也是常用的风险决策方法之一。

所谓决策树分析，就是利用概率分析原理，用树状图描述备选方案的内容、参数、状态及在实施过程中不同阶段方案的相互关系，对方案进行系统分析和评估的方法。应用决策树分析法不仅能进行单阶段决策，而且对多阶段决策也是行之有效的。

2. 决策树分析的程序

（1）绘制决策树图。

决策树图的绘制顺序是由左向右。根据需要决策的问题、可供选择的各种方案、各种方案的自然状态给出决策树图。

（2）计算收益现值、期望值。

决策树分析的计算顺序是由右向左。

①根据有关资料计算出各结果点的收益现值，并将其标在结果点后面。

②根据各状态的收益现值和发生概率计算出各方案状态损益期望值，并将其标在状态节点上。

③根据状态期望值与投资现值计算方案净现值的期望值，并将其标在方案枝上侧。方案净现值的期望值＝状态期望值－投资现值。

（3）决策选择。

决策时遵循期望值原则，就是根据各方案的期望值进行决策。

①损益值用费用表示，应选择净现值的期望值最小的方案。

对落选的方案在其方案枝上画"×"，表示此枝已被"剪掉"，称为修枝。这样在决策树上只留下一条方案枝，即为最优方案。

②损益值用收益表示，应选择净现值的期望值最大的方案。

3. 单阶段决策树

利用决策树进行决策时，凡只需要进行一次决策活动便可以选出最优方案，达到决策目的的决策，称为单级决策。把单级决策过程中各方案可能出现的自然状态、概率和产生的结果绘成图形，就是单阶段决策树。

4. 多阶段决策树

凡需要进行两次以上决策活动，才能选出最优方案，达到决策目的的决策，称为多级决策。把多级决策过程中各方案可能出现的自然状态、概率和产生的结果，都绘在一张图上，就形成了多阶段决策树。

利用决策树进行多阶段决策要从最末一级决策点开始，并用各级决策后方案的期望值代替该级决策点缩减决策树，再逐级向前推移决策。

（三）决策树画法案例分析1

1. 背景

某承包商经研究决定参与某工程投标。经造价工程师估价，该工程估算成本为1 500万元，其中材料费占60%。拟议高、中、低三个报价方案的利润率分别为10%、7%、4%，根据过去类似工程的投标经验，相应的中标概率分别为0.3、0.6、0.9。编制投标文件的费用为5万元。该工程业主在招标文件中明确规定采用固定总价合同。据估计，在施工过程中材料费可能平均上涨3%，其发生概率为0.4。

2. 问题

该承包商应按哪个方案投标，相应的报价为多少？

3. 参考解答

计算各投标方案的利润。

①投高标材料不涨价时的利润：1500×10%=150（万元）

②投高标材料涨价时的利润：150–1500×60%×3%=123（万元）

③投中标材料不涨价时的利润：1500×7%=105（万元）

④投中标材料涨价时的利润：105–1500×60%×3%=78（万元）

⑤投低标材料不涨价时的利润：1500×4%=60（万元）

⑥投低标材料涨价时的利润：60–1500×60%×3%=33（万元）。

备注：亦可先计算因材料涨价而增加的成本额度[1500×60%×3%=27（万元）]，再分别从高、中、低三个报价方案的预期利润中扣除。

（3）画出决策树。

（4）计算各机会点的期望值。

点③：150×0.6+114×0.4=135.6（万元）

点①：135.6×0.3–5×0.7=37.18（万元）

点④：75×0.6+39×0.4=60.6（万元）

点②：60.6×0.9–5×0.1=54.04（万元）

决策点后点②的期望值最大，故应投低标。

（四）决策分析法案例分析2

1. 案例介绍

某厂区建设项目，共分道路（甲）、厂房（乙）、办公楼（丙）3个标段进行招标建设，投标人只能选择其中一个标段参与投标。若未中标，购买招标文件、图纸及人工费、利息支出合计为5 000元。

2. 参考解答

（1）绘制决策树。依据表格数据绘制决策树，并将方案标于方案枝，概率标于概率枝，预期利润标于终点。

（2）计算损益期望值。计算各节点处的损益期望值，E=G×P，并标注于相应的节点上方。

E_0=200×0.3+50×0.6+（–20）×0.1=88，E_1=88×0.2+（–0.5）×0.8=17.2，

E_3=160×0.2+40×0.6+（–30）×0.2=50，E_2=50×0.4+（–0.5）×0.6=19.7，

E_9=250×0.2+80×0.7+（–30）×0.1=103，E_3=103×0.3+（–0.5）×0.7=30.55，

E_{10}=200×0.1+60×0.7+（–40）×0.2=54，E_4=54×0.5+（–0.5）×0.5=26.75，

En=300×0.3+100×0.5+（–40）×0.2=132，E_5=132×0.1+（–0.5）×0.9=12.75，

E_{12}=240×0.2+70×0.5+（–50）×0.3=68，E_6=68×0.3+（–0.5）×0.7=20.05；

（3）比较各方案节点的损益期望值。

max{E_1，E_2，E_3，E_4，E_5，E_6}=max{17.2，19.7，30.55，26.75，12.75，20.05}=E_3

（4）结论。

从损益期望值的角度分析，应选乙标段投标并以高价报价。

（五）优点

决策树易于理解和实现，人们在学习过程中不需要使用者了解很多的背景知识，这是它能够直接体现数据的特点，只要通过解释都有能力去理解决策树所表达的意义。对于决策树，数据的准备往往是简单或者是不必要的，而且能够同时处理数据型和常规型属性，在相对短的时间内能够对大型数据源做出可行且效果良好的结果。

易于通过静态测试来对模型进行评测，可以测定模型可信度；如果给定一个观察的模型，那么根据所产生的决策树很容易推出相应的逻辑表达式。

1. 决策树列出了决策问题的全部可行方案和可能出现的各种自然状态，以及各可行方法在各种不同状态下的期望值。

2. 能直观地显示整个决策问题在时间和决策顺序上不同阶段的决策过程。

3. 在应用于复杂的多阶段决策时，阶段明显、层次清楚，便于决策机构集体研究，可以周密地思考各种因素，有利于做出正确的决策。

（六）缺点

决策树法也不是十全十美的，它也有缺点：使用范围有限，无法适用于一些不能用数量表示的决策；对各种方案的出现概率的确定有时主观性较大，可能导致决策失误；等等。

1. 对连续性的字段比较难预测。

2. 对有时间顺序的数据，需要很多预处理的工作。

3. 当类别太多时，错误可能就会增加得比较快。

4. 一般的算法分类的时候，只是根据一个字段来分类。

第三章　职业生涯规划的制订

第一节　职业生涯规划的方法

一、职业生涯规划"五步法"

"五步法"是做职业生涯规划的一种简单易行的方法，"五步法"被许多人士成功运用，依托的是归零思考的模式。以下共有五个问题，综合这五个问题的答案，就可以设计出自己的职业生涯规划。

Who are you？（我是谁？）

What do you want？（我想做什么？）

What can you do？（我能做些什么？）

What can support you？（环境支持或允许我干什么？）

What you can be in the end？（自己的最终职业目标是什么？）

对于第一个问题："我是谁？"回答的要点就是面对自己，真实地想出每一个能想到的答案，列出自己的优缺点、特长、性格类型等，对自己进行全方位的评估。

对于第二个问题："我想做些什么？"要将自己的能力和自己还可以开发出来的潜能全部罗列出来，进行排序。

对于第三个问题："我能做些什么？"主要列出自己真心向往、想做的事，并进行排序。

对于第四个问题："环境支持或允许我干什么？"则要考虑自己周边的环境以及能够从环境中获得怎样的支持。

如果能够回答出第五个问题："自己的最终职业目标是什么？"就可以成功地完成"五步法"。具体做法是：通过前面四个问题的答案，大学生就能找到目前对自己职业发展有利和不利的因素。选择有利因素最多、不利因素最少，并且自己喜欢做的职业，最后一个问题"最终职业目标"就有了答案。

最后，大学生可以根据自己的职业目标，制订自己的职业发展方案：应该学习什么专业知识；提升哪些能力；参加哪些社会实践；到哪些单位实习；预测自己在单位的发展情况，自己要先从哪个岗位做起、向什么职位发展……

二、职业生涯规划"五部曲"

（一）客观认识自我，准确定位

首先进行自我评估：想做什么；能做什么；适合做什么；是否和岗位匹配？

（二）对职业进行评估，确定目标

评估外界环境：对自身的要求是什么；存在怎样的机会和挑战？

（三）择优选择职业目标和路径

在充分评估自身实力和权衡外界环境的基础上，选择最适合自己的职业目标，针对目标选择最适合的路径，同时兼顾考虑风险系数。

（四）制定适合的行动策略

学会区分轻重缓急及时间管理，根据目标，结合实际情况制定行之有效的策略。

（五）与时俱进，不断修正和调整策略

根据外界环境的变化不断地调整策略，优化自己的职业生涯规划，以适应各种变化。

三、职业生涯规划的 SWOT 分析法

SWOT 分析法是在职业生涯规划中使用频率较高的一种方法，通过对自我的分析，根据分析结果在相应的模块中进行填写。

（一）优势分析

在校期间曾经获得过什么奖励，组织和参与过什么样的社会实践活动等，这些都能够从一个侧面反映出一个人的综合素质。在进行自我分析时，要善于总结经验，以便确定未来的工作方向。

（二）劣势分析

能准确认识到自身存在的缺点，如不善交际、做事拖沓等。

（三）机会分析

从当前的社会环境入手，考虑当前的环境是否有利于所选职业的发展，并且学会对所处环境和所选择单位的外部环境进行分析，哪些因素是对自己有利的；所选择的单位在市场中的竞争力如何？

（四）威胁分析

对所处环境和以后所选择的单位内部各种危机进行分析。如行业是否为夕阳产业，单位内部是否有晋升的机会，会有多少人和自己进行竞争等。小张，某高校社会工作专业学生，现已被某社会工作机构录用。下面我们用SWOT分析法对小张进行分析。

1. 优势及其发挥

（1）优势。

在校期间通过社团和学生会的锻炼，积累了丰富的社会活动经验，比较擅长活动的组织策划，拥有较强的沟通能力和亲和力，比较受老师和同学的喜爱。

（2）优势的发挥。

在面试中回答问题和做案例分析时能够让面试官充分认识到小张的分析能力，丰富的社会活动经历给他提供了许多让人信服的案例。

2. 劣势及其弥补

（1）劣势。

成绩处于中上水平，专科毕业，没有更高的学历去应聘对学历有一定要求的单位，同时应届毕业生缺乏实践经验。

（2）劣势的弥补。

一开始可以选择对学历要求较低的用人单位就业，在工作中不断地充实和完善自己，同时要注意培养社会工作者基本的职业素养和职业技能。

3. 面临的机会和威胁

社会工作专业就业前景非常广阔，就业范围很宽，机关、企事业单位、公益组织、社区、学校、医院甚至军队，只要有人的地方就有专业需要，需求很强，国家社会工作专业人才培养规划很广泛。随着经济的进一步发展和对社会稳定、和谐水平要求的提高，就业状况逐步会有所改观，特别是大量的政府购买专业社会服务形式的增加，社工待遇将与国有事业单位工作人员类似，专业对口就业将成为主流。但这需要一定的时间。实际上，珠三角地区深圳、广州及上海等已有成功探索案例。

目前，社工的薪资还没有统一的标准体系。除了每年民政部以公务员等形式招聘的一部分毕业生可以"旱涝保收"之外，其他职位如福利院或街道的社工，其待遇和普通护理工作人员差不多，由于人事编制问题，户口、住房等问题都很难解决。

第二节 职业生涯规划书的写作

一、职业生涯规划书的基本内容

职业生涯规划书的实质是职业生涯规划的书面化和具体化，因而其基本内容应能体现职业生涯规划的一般过程，还要包括知己——认识自我、知彼——认识环境、定位与决策——对可能的职业目标和职业路径做出分析和选择、行动——制订具体可行的行动计划等几大部分。具体来说，职业生涯规划书主要由以下几部分组成：

（一）扉页

扉页包括题目、姓名及基本情况介绍等。

（二）职业方向及总体目标

这是职业生涯规划的纲领，因而是制订职业生涯规划的关键。通常目标有短期目标、中期目标、长期目标和人生目标之分。长期目标则需要个人经过长期艰苦努力、不懈奋斗才有可能实现，确立长期目标时要立足现实、慎重选择、全面考虑，使之既有现实性又有前瞻性。短期目标更具体，对人的影响也更直接，是长期目标的组成部分。

（三）自我分析评价

一个有效的职业生涯设计必须在充分且准确认识自身条件与相关环境的基础上进行制订。要审视自己、认识自己、了解自己，做好自我评估，包括自己的爱好、特长、性格、胆识、技能、智商、情商、思维方式、潜力等，即要弄清自己想做什么、自己能做什么、自己应该做什么、在众多的职业面前会选择什么等。

（四）环境分析

职业生涯规划要充分认识与了解相关的环境，评估环境因素对自己职业生涯发展的影响，分析环境条件的特点、发展变化情况，掌握环境因素的优势与限制。了解本专业、本行业的地位、形势及发展趋势。

（五）职业定位

职业定位就是要为职业目标与自己的潜能及主客观条件谋求最佳匹配。良好的职业定位是以自己的最佳才能、最优性格、最大兴趣、最有利的环境等为依据的。在职业定位过程中要考虑性格与职业的匹配、兴趣与职业的匹配、特长与职业的匹配、专业与职业的匹配等。

（六）行动策略

行动策略就是要制订实现职业生涯目标的行动方案，要有具体的措施来保证。没有行动，职业目标只能是一种梦想。要制订周详的行动方案，更要留意去落实这一行动方案。行动方案的制订可以围绕短期目标、中期目标等阶段性目标的实现而展开。

（七）评估与反馈

职业生涯规划要帮助个人了解自己，对自身的能力、潜力进行正确的评估，并表明发展的预期目标，将自身条件、发展潜能、发展方向与环境给予的机遇和挑战相比较，最终达到"觉醒"。同时，通过业绩评估和其他评价，明确自身的知识水平、管理能力、专业能力等各方面的状况，通过潜能评估发现未来的潜力。

二、职业生涯规划书的写作方法

每个人可以根据自己的实际情况来撰写具有个人特色的职业生涯规划书。但总的来说，职业生涯规划书的写作方法是大同小异、有章可循的。撰写职业生涯规划书的过程，实际上就是职业生涯设计的过程。

（一）自我评估

在整个规划流程中，正确的自我评价是最基础、最核心的环节，这一环节做不好或出现偏差，就会导致整个职业生涯规划的失败。在进行职业规划时，自我分析一般是在依据心理学的测评系统对自己的心理素质、人格特征等进行测评的基础上，结合自己的兴趣、爱好、以往的经历及他人的评价等对自己加以综合评价，给自己"画像"。自我分析可以从以下几方面入手：

（1）主观自我分析：主要分析个人兴趣爱好、个人性格特点、个人各方面的能力和潜质及特殊才能、个人价值观和追求等方面。

（2）借助工具评估：主要依据现存的心理测评系统和软件，对自己各方面（智力、职业兴趣、人格特质、职业倾向和自主力、职业价值观）进行测评，形成分析报告。

（3）以往的经历和目前处境分析：包括以往的学习与工作经历，尤其是取得的引以为荣的成绩，以及自己认识到的对自己影响特别重大的事件；目前的处境，比如处在人生的哪个阶段、正在做什么等；与自己职业生涯发展有密切关系的一些环境因素分析，比如家庭情况、对自己有帮助的人和事等。

（4）他人评价：和自己不同关系的人对自己的评价。

根据以上自我分析的结果，对自己的优势、劣势、机遇、威胁进行分析，即做SWOT分析，形成自我分析小结。

（二）环境分析评估

在进行职业规划时，我们必须全面、客观、正确地分析和了解自己所处的环境和将要面临的环境，即在"知己"的基础上还要"知彼"，这样才能百战百胜。

对环境的分析包括家庭环境分析、学校环境分析、社会环境分析（社会经济环境、社会政治制度、文化环境、法律环境、职业和就业环境等）、行业环境分析（职业的特点和要求、现有从业人员的情况、所在行业的发展情况、前景与趋势及其对从业人员的要求、未来有哪些行业可能会对你的目标职业有需求）等。

（三）目标选择定位

在进行职业定位时应注重以下方面：①依据客观现实，考虑个人与社会、企业的关系；②比较鉴别，比较职业的条件、要求、性质与自身条件的匹配情况，选择符合自己的特长、自己更感兴趣、经过努力能很快胜任、有发展前途的职业；③扬长避短，看主要方面，不要追求十全十美的职业；④审时度势，及时调整，要根据情况的变化及时调整择业目标，不能固执己见，一成不变。

在这一环节，也可以记录对自己职业生涯影响最大的一些人的建议。

（四）目标的分解与组合

在形成目标定位后，就要为实现目标寻找发展策略和发展路径，即确定自己的生涯路线。在实施时可将人生总的目标定位分解为若干个小的目标，并在特定发展阶段对生活学习等各方面的目标进行排列组合。这一环节的实质是要明确自身现实状况与要实现的目标之间的差距，找到缩小差距的方法，并形成初步方案。

（五）制订行动计划

行动计划即目标实现策略，就是通过各种积极的具体措施与行动去争取职业生涯目标的实现，也就是说，在职业生涯规划书中，对如何实现自己的职业生涯发展目标，制订一个比较详细而又切实可行的行动计划和策略方案。

（六）建立评估反馈机制

职业生涯规划是个动态的过程，在职业生涯规划过程中要根据实际情况自觉地总结经验和教训，修正对自我的认知和对最终职业生涯目标的界定。这是职业生涯规划不至于虎头蛇尾的保障。职业生涯规划书也应该体现这种评估与反馈机制，主要包括以下几个方面：

1. 规定评估内容：自我认知评估、职业目标评估、职业路径评估、行动计划评估等；
2. 根据实际情况设定评估时间和评估周期；
3. 评估出现或可能出现的危险因素及相应的调整、修正和备选方案。

三、职业生涯规划书的常见格式

（一）表格式

这种格式的规划书为不完整的职业生涯规划书，常常仅写有最简单的目标、分段实现时间、职业机会评估和发展策略等几个项目，有的只相当于一份完整的职业生涯规划书的计划实施方案表，适合日常警示使用；还有的相当于职业生涯目标列表。

（二）条列式

这种格式的规划书具有职业生涯的主要内容，多做简单的表述，没有详细的材料分析和评估。文字简练，但逻辑性和说理性不强。

（三）复合式

复合式就是表格式和条列式的综合，有的职业生涯规划书把部分模块的内容表格化，表格内容比较具体。

（四）论文式

一份优秀的论文格式的职业生涯规划书能够对一个人的职业生涯规划做全面、详细的分析和表述，是最清晰的职业生涯规划书。

四、职业生涯规划的撰写

一份好的职业生涯规划书应能满足以下基本要求：

（一）资料翔实，步骤齐全

收集资料有多种途径，可以通过访谈、报刊图书中摘抄、上网下载等方式获取资料，要尽可能注明资料的出处，并多运用图表数据来说明问题，以提高资料来源的可信度和说服力，步骤主要分为以下四步。

第一步：分析需求，分析条件及目标设定。
第二步：分析阻碍和可行性研究。
第三步：设计方案和提出（改变）计划。
第四步：制订详细的实施计划和措施。

（二）论证有据，分析到位

要了解有关的测评理论及知识，认真审视并思考自己的测评报告并对照自我认识与测评结果的异同，分析与测评结果形成差距的原因，从而确定自我评估结果，达到"知己"；要厘清自己所处的地理环境（包括居住的地方、喜欢的地方、亲朋的意见等），明确自己的最大兴趣是什么、最喜欢与之共事的人的类型、最重视的价值与目标、最喜欢的工作条件是什么，再通过当前环境评估（社会影响、家庭影响、学校因素、就业形势等）和当前社会环境分析（组织环境分析、技术的发展、经济的兴衰、政策法规的影响等）来确定自己的职业方向，做到说理有据、层层深入。

（三）言简意赅，逻辑严密

语言朴实简洁、用词精练准确、行文流畅、条理清楚，这是最基本的写作要求。撰写时还应密切注意整篇文章的结构和重心之所在。职业生涯规划书一般包含对职业规划的认识、对自我的剖析、对所学专业的认识、对职业方向的探索及确定目标并制订计划这五方面的内容。在对这些内容进行分析阐述时，必须紧紧围绕职业目标这条主线来展开，从而体现文章论述的逻辑性和连贯性，要将重点放在自我评估、环境评估、目标实施上。职业生涯规划是对自己将来的规划，这个规划只有建立在对自我和职业充分认识的基础上才能体现出它的科学性和可行性。

（四）目标明确，合理适中

撰写职业生涯规划书应围绕论述的中心展开，职业生涯目标不能过于理想化，应"择己所爱""择己所长""择世所需""择己所利"。职业生涯规划书撰写是否成功，在很大程度上取决于有无正确适当、切实可行的目标。

（五）分解合理，措施具体

目标分解、实现路径选择要有理论依据，而且备用路径之间要有内在联系性。目标组合要注意时间上的并进、连续，功能上的因果、互补作用，全方位的组合要涵盖职业生涯、家庭生涯、个人事务等方面。

（六）格式清晰，图文并茂

做到内容完整、格式清晰、版面美观大方、创意新颖，文如其人，不能有错别字。

第三节 职业生涯规划书的评估与调整

影响职业生涯规划的因素很多，有的变化因素是可以预测的，有的因素是不可预知的，在此情况下，要使自己的职业生涯规划书行之有效，就需要不断对职业生涯规划进行评估与修正。

一、职业生涯规划书的评估

职业生涯规划评估主要是对各阶段的预定目标和实际结果之间的差距进行分析，找出差距产生的原因。

（一）差距产生的原因

1. 目标设定过高或过低

（1）设定目标过高，超过个人能力，无论怎么努力都无济于事。在这种情况下，要学会适当调低自己的目标，否则会挫伤自己的自信心。

（2）目标过低，不用花费太多的精力就可以达成，这种目标的设定毫无价值，即便成功也不会有成就感产生。这种情况就需要及时调高自己的预期目标，使自己的能力能够充分发挥出来。

2. 目标合适但行动方案与之不匹配

当目标合适而行动方案与之不匹配时，将导致目标无法实现。如大一的学业规划目标有通过英语六级考试，但是在实施方案中却没有安排足够的时间来学习英语。

3. 目标和方案都合适，但缺乏执行能力

例如，目标制定为"专升本"考试，在实施方案中也罗列了具体的安排与学习时间。但是由于其他许多事情耽误了学习，导致目标无法实现。这就属于在执行过程中存在的问题。

（二）职业生涯规划书评估要点

一般来说，职业生涯规划的评估都可以归纳为自我素质和行为对现实环境的适应性判断，分析自己的现状，特别是针对环境的变化，找出存在的差异并及时做出修正。

1. 抓住重要的内容

猎人在打猎的过程中如果同时瞄准几只猎物，那么他可能一只也打不到。因此，大学生在针对自己的职业生涯规划书进行评估时也不必面面俱到，而是抓住一两个关键的目标和最主要的策略进行追踪。在大学生职业生涯的某一阶段，总会有一个最重要的目标，其他目标都是对这个目标进行辅助。这时，就可以通过优先排序，对那些可以达到这个核心目标的主要策略进行重点评估。

2. 寻找最新的需求

外界的环境是处于不断变化过程中的，作为大学生要学会发掘最新的趋势和方向。对于新的变化和需求，要学会如何制定策略才是最有效而且是最有新意的。大学生在职业生涯规划中，要善于抓住外部环境的变化而对自己的策略进行调整，使自己的职业生涯规划书做到"与时俱进"。

3. 寻找正确的突破方向

如何在职业生涯规划书中寻找到突破点，使整个局面发生意想不到的改变？在制订完自己的职业生涯规划书后，可以尝试分析哪条对于目标的达成将产生突破性的影响。

4. 关注最弱点

管理学中的"木桶理论"，即一只木桶能装多少水不是由最长的木板决定而是取决于最短的那块木板。在职业生涯规划书的评估过程中，我们既要肯定自己所取得的成绩和自己的长处，同时也要学会用SWOT分析法来发现存在的不足，并想办法修正。

一般而言，个人存在的不足主要体现在以下几个方面。

（1）观念差距，陈旧的观念往往会造成策略的失误，最终导致行动失败。因此，要不断检查自己的观念并经常加以更新。

（2）能力差距，人的能力通常随着环境、时间的改变而发生变化，每个人的能力不会长时间地停留在某一水平上。是否能够通过种种努力来提高某些方面的能力，这对于每个人在职场的发展将会起到很重要的作用。

（3）知识差距，要想在职场取得成功，拥有继续学习的本领是个非常关键的因素，需要我们更加注重建立合理、科学的知识结构。

（4）心理素质差距，一个人职业生涯的发展，首先是心理素质的成长过程，要不断加强心理素质锻炼，提高心理的适应力、承受力，树立良好的职业心态和阳光心态。

二、职业生涯规划书的调整

每一个目标的制定往往是基于特定的社会环境和条件实现的，外部的环境和条件总处于不停的变化之中，因此我们的目标也要随着环境的改变进行修正和更新。

对于大学生来说，我们所面对的就业环境随时都在发生变化，我们制订的职业生涯规划书就不可能一直一成不变，而是要根据环境的变化进行调整。大学生在学校学习的过程也是一个不断发展、提升自己知识、技能、社会适应能力的过程。

（一）职业生涯规划书调整的目的

1. 了解自身的强项是什么并对自己的强项充满自信；
2. 对自己的发展机会有清楚的了解；
3. 明确自身需要改进的地方；
4. 对已经制订的行动方案及时做出改进。

（二）职业生涯规划书调整的内容

1. 职业的重新选择；
2. 职业生涯路线的重新选择；
3. 阶段性目标的修正；

4.人生目标的修正；

5.实施计划的变更。

每名大学生在制订完成自己的职业生涯规划书以后，都需要一定的时间实施。我们必须对阶段性的实施结果进行评估，根据评估的结果找出规划与结果之间的差距，分析差距产生的真正原因，并针对这些原因进行有计划的调整，并按照调整后的方案开展新一轮的行动。

第四章　大学生心理健康教育的理论研究

第一节　大学生心理健康教育创新与实践

21世纪是知识经济的时代，全球经济一体化不断加强，为迎合经济的快速发展，培养适合经济发展的建设性人才，教育任重道远。现阶段而言教育的意义不仅止于知识文化技能的传授，还有健康的生理和心理。在现代化进程中，心理健康是大学生身心健康发展所不能或缺的条件和重要环节，本节通过对当下大学生心理健康问题出现的原因、现状等进行分析，旨在使大学生的心理健康能得到良好的发展，在大学生心理健康问题上提出了创新性的思考。

一、我国当代大学生的心理健康问题出现的原因分析

（1）环境改变带来的不适感。国民教育体制下的大学生，大都经历过严酷的初高中学习模式，而大学的教学理念与中学完全不同，突然从曾经近乎严苛的教学模式中来到大学这样一个相对宽松更需要自制力的环境中，很多大学生很难适应。在新的学习环境、新的人际关系、新的教学模式中很多大学新生不适应，从而产生困惑，继而造成心理失调现象。

（2）现实与期待的落差。我们在中小学教育中，过多的粉饰大学校园学习和生活，加上社会环境中过分强调升学的功利主义思想，使部分学生不真实地幻想了大学生活。但是，当他们真实踏入大学校园，而现实中的大学校园与大学生心目中的大学校园并不相同，进而产生了相应的心理落差。当考试和学分以及学术研究降临到自己头上时，会顿时感到无所适从，找不到方向和目标，导致心理焦虑彷徨。

（3）高校日益严重的就业压力。随着国家经济政治的发展，教育也在随着时代而发展，社会竞争日益加剧。同时高校扩招，毕业生面临着就业难的问题。整个社会就业市场很不景气，各高校学生中"毕业即失业"的言论广为流传。这样的一个就业环境和现状，也使不少大学新生一入学就不自觉地考虑到毕业后的就业问题。他们在这样的一个大环境中因为失落、焦虑、抑郁、自卑等原因而失去安全感，产生出许多心理问题和心理疾病。

（4）当代大学生对网络的过分依赖。21世纪时网络大发展时代，虽然网络丰富和改善了人们的生活模式，但是网络世界对大学生的影响巨大。当代很多大学生对网络的依赖性强，有些甚至染上网瘾，沉湎于虚拟世界寻找快感，导致部分学生逐渐与现实生活产生隔阂，不愿与人面对面交往。在日常生活和学习中精神恍惚疲惫，目光呆滞，对身旁事漠不关心显得冷淡无法沟通。更有甚者网络引发的心理疾病还可能诱发大学生走向犯罪道路，危害整个社会的安定。

二、大学生心理健康教育的现状

（1）教育不平衡对其心理健康的影响。从实际情况来看，教育不平衡在心理健康教育领域也有表现，部分偏远地区高校，或者办学条件相对较弱的高校对于学生的心理健康教育问题重视程度仍然不够。部分高校将心理健康教育工作的重心仅仅放在向大学生开放的心理咨询与交流上，只是对于已经出现心理健康问题的学生进行帮扶，而并不重视对于大学生心理健康的教育与心理问题预防。

（2）高校心理健康教育发展成效不高。就目前而言，高校心理健康教育没有新意，收效甚微，因此频频爆出高校心理健康问题而造成学生生病、自残甚至轻生的新闻。而每当新闻爆出，高校被推倒舆论的风口浪尖上，高校才真正开始关注或者下大力气改善心理健康教育。当前，从很多渠道的消息和表现中，我们发现发达国家或是地区都对大学生的心理健康教育问题是非常重视的，也取得了行之有效的一些经验。与之相比，我国的高校心理健康工作才刚刚起步，经验缺乏，还需要不断地学习摸索。

三、对大学生心理健康教育的几点想法

（1）完善学生心理档案的管理。大一新生入学之后，学校组织专业的人员，开展全面的心理健康调查。建立完备的学生档案系统，对学生所处的初高中环境，家庭环境进行了解，以便及时了解学生心理问题产生的根本原因。这项工作量大，需要投入一定的人力物力来支持。

（2）心理素质教育内容贯穿到日常教学之中。时代在变革，而我们的教学也应该随着时代的变化而变化，教育教学改革也该深入到高校传统教育的课堂里。我们的高校课程在设置之初，就应该强调学生的心理和思想教育问题，并开设专业课程。教师不仅仅局限在授业，还应该是传道，解决学生们在人生道路上的疑惑。当然这一点对于我们的教师本身也是一个很重要的考验，教师本身是否阳光积极，也可能影响到学生是否拥有阳光积极的生活学习态度。

（3）重视朋辈心理辅导，重视交流和沟通的重要性。朋辈从广义上讲可以是学生信任的老师、同学、家长等人。狭义而言，在大学里，朋辈心理辅导是经过一系列培训的非专业人员对同龄人关注、倾听和帮助的过程。承担这项工作的人员，我们即可称为

朋辈辅导员或称心理委员，在经过比较专业的一些培训和学习之后，旨在让他们在自己的经验和能力范围内，像老师和朋友一样帮助新生更好地处理学习、生活中遇到的困扰。

朋辈辅导员（或称心理委员）通过与学生的接触，可以多关注以下类型学生，如：生活自理能力较差的学生、自控能力较差或者懒惰的学生、人际交往过程中比较内向不善言辞的学生、拘束缺乏安全感的学生等，对这些学生，根据他们不同的情况帮助他们，做到事无巨细、亲力亲为。还有对以上各类型的学生，针对他们的情况来组织学校的各项活动，鼓励他们积极参与到各项活动中去，树立信心、创建新的社交关系、展现自我、更快地融入新的校园生活中来，真正在校园中感受到集体的力量和归属感。应该说，我们的朋辈辅导员是大学心理健康教育中的先锋官，利用好他们和学生关系近的优势，能更好地发现和解决学生心理问题引发的各种问题。各高校都应在这个部分投入人力物力，确实保障大学生心理问题的基层工作顺利开展。

（4）加强校园文化建设，开展有特色有吸引力的校园活动。校园文化建设，对整个校园建设来说是重要的一个环节。大学生在进入大学校园之后，很有可能会通过网络或者其他方面去排遣自己的迷茫或者孤独，校园活动就要抓住这个环节，积极地深入到学生之中，了解多样化的需求，而不要把校园活动仅仅局限在一些单纯的才艺展示。校园活动要有特色，要与时俱进，要契合学生们现阶段的情感寄托，这就需要我们在开展校园文化活动的过程当中，积极采纳学生的意见，当然也需要学校在这个方面多下功夫，投入一定的人力物力。

（5）社会实践活动要积极鼓励。大学生产生心理问题的主要原因，除了学习和自身的原因外，影响最大的应该就是就业问题。学校要大力地为学生创造社会实践的条件，让学生不仅是文化上的强手，还是社会实践的强手。即便他们毕业后，也会因为在校时参加的社会实践活动而受益，这也是我们高校教学改革的一个重要方面。

综上所述，大学生的教育问题关系到我国未来的发展，只有解决好大学生的心理健康问题才能培养出更多的优秀人才，实现我国经济的可持续发展。健康的大学生是未来社会发展对人才的需要，是大学生个人成长阶段的需要，小的方面关系到大学生的就业问题、情感问题，大的来说他又何尝不是一个健康中国的未来呢？

第二节 家校合作构建大学生心理健康

在大学生心理健康问题日益凸显的情况下，家、校任何一方都不能单独解决问题。家校合作才是一条值得期待的解决途径，即家庭给予学校更多的支持、学校带给家庭更多的指导，双方更加有效地交流合作来共建大学生心理健康。本节通过查阅文献从家庭因素的重要性、家校合作的必要性、家校合作的现状及问题以及对于家校合作的建议四个方面切入，逐步深入地探讨了家庭因素对大学生心理健康影响的根本性以及学校心理教育辅导方面与家庭对接存在的问题，并提出了家校合作的相关建议。

一、家庭因素的重要性

大学生心理健康状况涉及家庭、社会、教育以及学生自身等多重影响因素，而家庭是学生生活成长的首要环境，所以家庭因素对大学生心理状况的影响尤为重要。家庭因素基本可以概括为家庭经济情况、家庭结构、家庭氛围、家庭教育四个方面，这些因素对大学生产生的负面影响会积压在他们心中，成为日后学习或是毕业后引发心理问题的隐患。调查发现，许多心理健康问题都发生在大学生较早的年龄，比如社交恐惧症发病年龄中位数在 7~14 岁，创伤后应激障碍的高峰期风险期为 16~17 岁，超过一半的抑郁症患者在儿童时期、青春期或青年时期首次发病，而这时候他们的成长环境主要还是家庭，因此，应提高对家庭因素的关注度，从根源上探索并预防大学生心理问题的产生。

（一）家庭经济状况

家庭经济状况是影响大学生心理健康的一个重要因素，这主要关系到学生平时的生长环境、接触人群、受教育程度等。家庭经济情况较为不错的学生从小生活在一个物质、精神都较为富裕的环境下，周围人的素质以及受到的教育水平也较高，相比之下，这些学生则能获得更加优越的条件，有助于其心理健康水平的提升。相反，贫困家庭的大学生的成长环境较为有限，他们的心理问题无法被及时关注与发现，这对他们的心理健康是不利的。另外，有些贫困家庭的大学生还必须依靠贷款、助学金、勤工俭学等助学途径来完成他们的大学学业，这使他们在日常的学习和生活中感到压力和自卑，这些不良的心理负担就给其心理健康埋下了隐患。因此，家庭经济情况对大学生心理健康的影响不容忽视，尤其是贫困家庭的大学生，应给予其更多的关怀。

（二）家庭结构

家庭结构包括学生单亲与否、独生子女与否、留守与否等情况，学生在不同结构的家庭下成长自然会受到不同的影响。其中，单亲家庭和重组家庭中的孩子相较而言容易缺乏归属感和安全感，对人际关系会更加敏感；独生子女则更易形成自我中心，可能会困于处理与周围人的关系，独立承担责任的能力也稍差一些；留守家庭中的孩子往往缺少爱，容易自卑封闭、对外界环境怀疑不信任。但容易被人们忽视的是，在家庭结构形成甚至在此之前，其对大学生产生的影响就已经发生了，并且一直延续到大学，就有可能成为许多心理问题发生的诱因。

（三）家庭氛围

家庭氛围主要是指家庭成员间的亲密程度，其对学生幸福感产生了重要的影响，从而关系到大学生的心理健康状况。影响最直接的就是父母关系，父母关系不和谐常常导致他们的子女不善于表达自己的情绪，心理压力得不到及时缓解，则容易诱发心理问题；

父母关系密切，则对子女心理需求的包容性更大、家庭成员交流沟通更顺畅，有助于子女的心理健康。相比之下，良好的家庭氛围更有利于学生身心健康的成长。

（四）家庭教育

家庭教育是一切教育的基础，其主要是指父母对子女的教育，这在子女的中小学教育阶段，一直占据着主导地位。因此，父母的文化水平、受教育程度以及职业都将影响到其对子女的教育，反映到子女身上即其期望与观念，这可能成为学生压力的间接来源。相比之下，综合素质较高的父母更善于理解和尊重子女，能够与他们进行更有效的交流，较好地注意到子女心理情况的变化，并及时指导他们解决问题。在这种教育环境下成长的学生有着更好的心理素质。

二、家校合作的必要性

（一）家庭是大学生心理问题的根源

家庭是大学生形成自身人格的基本环境，其对学生的心理健康也会产生根本性的影响。大学生心理问题往往都是由于曾经的家庭因素对其心理造成打击，或者是遇到问题时最亲近的家人没有起到积极作用，以至于这些问题在学生心里萌芽甚至向恶性方向发展，在大学时期他们再遇到类似问题便暴露出心理弊端。学校在解决学生的心理问题时若能与家庭方面合作，便能从根源上发现问题所在，更高效地帮助学生建立心理健康。

（二）家庭方面可作为学校的推手

对于学生而言，师生关系并没有亲子关系较高的亲密度，学生与老师交流时并不能完全地坦白，学生会怕暴露自己的某些缺点从而影响到以后的一些利益就会有选择性地隐瞒，这对于学校方面解决大学生的心理问题是不利的。相对学校的契约性而言，家庭关系更具有盟约性，可以缓解学校在心理干预过程中出现的紧张与冲突。而且在家庭一方的帮助下，学校方面可以更好地找出问题所在、鉴别问题类型，从而制订更好的解决方案。

（三）家校双方都不能独自解决问题

大学生心理问题的解决需要家校双方的通力合作，任何一方都不能独自发挥完全作用。在高校心理健康教育方面，关注更多的是事发后的补救措施，而未着眼于家庭因素的根源性，很难着实地解决大学生的心理健康问题。然而，家庭因素也是受到我国社会形态的影响，又岂能一时间改变，这就需要在学生本身因素方面做文章。而学校的有效引导，能帮助大学生正确认识来自家庭的各种压力因素，将自己从心理压力之中解放出来。利用家庭影响的基础性作用与学校心理疏导的指导性作用，将学校教育和家庭教育结合起来才是一条构建大学生心理健康的重要途径。

三、家校合作的现状及问题

家校双方的有效合作目前还处于纸上谈兵的阶段，没有完整的规划，可操作性低。双方都存在问题，家长对学生情况的漏报瞒报、高校忽视与家庭的沟通等都关系到双方的合作。

（一）家庭方面的问题

近年来，大学生的心理健康问题更多地受到社会各方面的关注，这是因为当前大学生心理健康状况不容乐观。2013年国家统计局的调查显示，约有240万大学生面临着较为严重的心理问题，而这个数据还在逐年上升。黄和等调查收集了3所高校的本科生的症状自评表，结果显示约有1/3的大学生面临着心理方面的困扰，不论是躯体化、强迫症状，还是人际关系敏感等心理问题，都更频繁地出现在大学生这个群体之中。为准确掌握学生心理健康状况并及时做出干预，各大高校都在完善本校的心理健康体系使其更加健全。但目前，学校承担了几乎所有的大学生心理干预指导的责任，而大学生成长的家庭却没能发挥到更积极的作用。不可忽视的是，家庭是大学生形成自身人格的基本环境，其对大学生的心理健康也会产生根本性的影响。当学生出现心理问题时，不能仅仅依赖于学校，应从学生出生成长的家庭环境入手寻找根源性问题，这就需要家、校双方合作，一起构建大学生心理健康。

（二）学校方面的问题

一方面，学校缺乏资金支持和专门负责家校合作的机构，使得家校合作实施起来存在困难，在人力、物力、财力、精力等方面都捉襟见肘。在这种情况下，学校自然会放弃或者说是只做家校合作的表面工作。另一方面，学校利用新生入学、家长会等时机更加注重的是宣传学校，而不是与家长交流合作以预防大学生心理问题的发生。学校往往是在学生出现了问题之后再通知家长，但这时候家长容易产生消极情绪和抵触心理，很难理性地与学校合力解决问题，使得双方合作难于开展。

四、对于家校合作的建议

（一）完善沟通方式与途径

随着通信技术的发展，QQ、微信等联系方式在电话、短信后流行起来，但对于一些偏远地区来说他们与外界的沟通方式也许还停留在书信上，所以学校方面应在沟通方式上兼顾传统与流行，通过书信、微信、电话等形式将学生在校的生活状态告知家长，使家长能够及时了解孩子的心理状况，同时还能向家长了解学生的家庭情况以给出针对性的解决方案。另外，家访、家长会这种面对面的交流方式也是不能缺少的，毕竟面对面能够更直接真切地发现问题并且一起寻找解决方案。

由于每个家庭的文化背景、经济情况、家庭结构以及心理教育文化的不同，家长们参与教育的行为、家校合作的进行程度就有差异。针对不同的家庭存在的问题，学校可利用学生入学或假期，采用小型探讨交流会的形式对其家长进行短期培训，内容涉及帮助子女更好地适应大学生活、更好地与人沟通、大学生涯的规划、情感困惑和心理问题的面对与解决等。通过这些短期培训使家长们对于大学生心理健康、家校合作有更深层次的认识，最大程度地发挥学校心理咨询团体的价值。

（二）建立档案

创建档案，有据可查。学校应在学生档案中纳入人口学资料并重视其预估作用，一方面可以在心理问题出现或者恶化之前进行干预，减小损失；另一方面可以在问题发现后寻找问题根源，便于对症下药。建立心理问题学生的相关档案，应收集三个方面的内容：第一，大学生原生家庭状况、经历过的重大事件等影响学生心理发展的因素；第二，大学生性格品质、心理问题属性等反应心理状况的资料；第三，大学生的人生追求情况、学习适应性状况等。创建档案有利于全面掌握学生信息，只有对他们的心理健康状况有全面、客观的了解，才能为科学、有效的教育管理提供理论依据。

（三）培养起专业队伍

借鉴现有家校合作方面的经验，建立培养起一个推动家校合作的专门组织，致力于研究、改革家校合作。此外，学校方面要主动完善家校合作的沟通机制，使其组织化、制度化，确保家校合作的连续化、规范化和长久化。学校方面还可以通过招聘吸纳更多德才兼备的兼职或是全职大学生心理健康教育教师，对教师队伍进行专业、定期的培训，建设一支理论实践水平都高的心理健康教育队伍，以充分发挥其在家校合作中具体策划人、组织者、参与者、指导者、咨询者等不同身份的作用。

在大学生心理健康备受挑战的情况下，家校合作的重要性和必要性更加凸显。虽然家校合作在我国并无太多可借鉴的经验，但这是一条值得我们去探索、实践并不断完善的解决途径。也相信在家校双方的共同努力下，大学生心理健康水平在未来会有所提升！

第三节 大学生与心理健康

大学生群体，一个看似轻松、无忧无虑的群体，事实上承受着巨大的压力,学业、生活、就业、情感以及身份转变的多重压力，大学生们现今的心理状况令人担忧。而各心理健康调查也表明，大学生已经成为心理健康的弱势群体。因此，对大学生群体的心理健康问题进行客观的剖析并提出相应的解决措施十分有必要。

心理健康，指精神、社会活动正常，能在社交、生活上与其他人保持较好的沟通或配合，能良好地处理生活中发生的各种情况。心理健康，作为个体适应环境的能力的一个指标，与人体的健康密不可分。

一、大学生心理健康的标准

（1）智力正常，能充分并正确地发挥智能；（2）情绪健康；（3）意志健全；（4）人格完整；（5）自我评价正确；（6）人际关系和谐；（7）适应能力强。

二、当代大学生心理问题的原因分析

（一）学业压力与就业压力

为了增强大学生的专业理论文化水平，各高校开设的科目较多，以至于课程的负担过重或学习方法有问题，从而感觉对完成学习任务力不从心，导致长期的精神压力及过度紧张，甚至引发失眠、焦虑、抑郁等。

除此之外，为了丰富大学生的课余生活，各类社团活动也层出不穷。一方面，可以让学生们广交朋友、开阔眼界、增长见识和提高他们的社会适应力。但另一方面，对于那些本就课程繁重的专业来说，完成学习任务已经是一件需要花费大量时间的重任，而难以兼顾同样需要大量时间的社团活动。因此，对自身学习效率较低、又想要在学习上有所成绩的学生来说，社团活动会加大他们的压力。

就业压力与学习压力常常相伴出现。成绩不理想或因母校不出名而自卑导致出现就业恐慌，现今严峻的就业前景又导致他们加倍强迫自己去学习以争取更强的竞争力，形成一个恶性循环，许多精神或者心理问题就会随之产生。

（二）对新环境的不适应

大学里的学习，更多的是依靠自律，而且大学课堂也和高中课堂相差甚远，大学里没有固定的教室，每节课都在不同的教室甚至不同的大楼上课，也不存在固定同桌。

除此之外，寝室生活是一个群体生活，群体不会像家人那样迁就以及包容，每个人性格、教育、世界观的不同都会导致难以和寝室同学和平相处。

（三）情感问题

大学校园可以说是恋爱的最佳场所，但是，恋爱率逐渐上升的同时恋爱成功率却在下降，因此，失恋是一个不可避免的影响大学生心理健康的因素之一。

每个人的初衷都是要追求更高的生活品质，自由恋爱的盛行意味着自己可以根据自己的要求去寻找心中符合的恋爱对象。所以有些自身条件不好的学生是极度敏感的，很容易产生极端的想法。

（四）生活压力

高考，是寒门学子进入上层社会最简单的途径，进入大学会遇到形形色色的人，攀比或者嫉妒心理油然而生。

有的同学家境殷实，学习成绩不好也可以进入很好的单位工作；而有的同学学费靠贷款、生活靠补助，成绩优异也比不过别人的强大关系。这种生活、背景上的不对等，会极大地影响一个原本积极向上的人。

三、对大学生心理问题的改善措施

（一）自我调节

1. 自我勉励

自我勉励更多地体现在给予自己更多的信心，有自信去战胜那些不利因素，比如同那些有强硬关系的同学相比，坚信可以通过努力让自己足够优秀从而脱颖而出，冲破一切的不平等。

2. 宣泄负面情绪

大学生活里会有很多事会远超自己对人性本善的理解，大学这个小型社会既有社会的黑暗也有学校的单纯，这样矛盾且对立的两种不同的社会形态使人难以快速转变自己的角色，有的人已经完成了学生向社会人的转变，而有的人依旧还是一个学生。故两类对立但又朝夕相处的人的不同人生观会让人痛苦不已，从而使负面情绪难以通过自我勉励的方法宣泄出来，所以需要一种更加强烈的宣泄方法，如高强度的运动，或者做一些自己以前不敢做但又很想尝试的事。

3. 转移注意力

转移注意力是一个暂时忘记烦恼的好方法，随着时间的堆积，会抹平一切当时走不过去的坎。

4. 合理分配自己的时间

很多学生的压力来自不合理的时间分配，既想要丰富的社团、社会活动，又想要优异的学习成绩，但大多数的学生难以各方面都优异发展。因此，对于自身对未来的展望，要合理地安排时间以均衡学业和实践活动。

（二）加强高校心理辅导

高校心理辅导和咨询是目前阶段解决大学生心理问题的重要手段。高校可以设立专门的心理咨询室，一方面对班级心理委员定期培训，另一方面可以接待有困扰的同学进行开导。同时，每学期制作网上心理健康调查问卷，让学生填写，从问卷结果中找出需要心理咨询的同学。

总而言之，要完善心理咨询与辅导的相关软硬件设施，无论是师资力量还是各类心理辅导室或场所、各种心理辅导道具或设备，就是要给大学生提供有效的心理辅导与咨询。

（三）开设心理教育课程

大学生心理健康教育最常用的方法还是要发挥大学生心理健康教育课堂教学的主要作用。心理素质的提高离不开知识的储备，学生学习心理方面的知识，有助于学生了解心理问题发生的原因、发展规律。因为有些心理的问题并非是病态的，而是一种短时间内的正常心理反应。掌握心理知识可以正确认识并向专业人士咨询自己现阶段的心理问题，而不是因为对"精神病"有错误理解从而惧怕去倾诉和治疗。

第四节 大学生心理健康影响因素分析

大学生心理健康教育已经成为高等职业学校学生教育和管理工作的一个重要方面。本节主要从自身、家庭、学校和社会四方面分析了影响大学生心理健康的因素，进而从个体和学校两个层面提出大学生心理健康的具体应对策略。

WHO 提出：21 世纪人人享有健康。心理健康的标志是：身体、智力、情绪十分调和；适应环境；有幸福感。但随着社会的进步和发展，都市生活节奏的加快，竞争的日益加剧，日趋严重的心理问题已成为影响大学生健康成长和高职学院稳定的突出因素。湖南省某高校的调查显示，有近 23%的学生感到苦恼，14%的学生在积极和消极情绪维度上偏向消极一方。由此可见大学生心理健康教育已经成为高职学院学生教育和管理工作的一个重要方面。因此，了解和把握大学生心理健康的影响因素、开展心理健康教育的工作模式及其具体应对策略，是有效开展大学生心理健康教育的前提和基础，将有助于大学生心理健康教育工作的深入开展。

一、大学生心理健康的影响因素

根据"素质——压力模型"，个体若有倾向得某种心理疾病的遗传素质，则特别容易受环境压力的影响，而产生相对应的偏差行为。就大学生这一特殊群体而言，其"压力"主要指其在学习过程中，可能会面临的各种困扰或问题，而"素质"指大学生自身由遗传获得的，潜在的心理困扰特质。当大学生潜在的心理困扰特质水平偏高，在面临外界压力时，如果缺乏有效的应对方式，那么个体就可能会出现适应不良的状况，进而衍生出各种情绪障碍或偏差行为，甚至导致严重心理疾病的产生。

（一）自身因素

大学生正处于身心发展的重要时期，他们在心理上正处于迅速走向成熟而又不完全成熟的过渡阶段，由于我国中学阶段长期实行应试教育，不重视大学生的生理和心理教育，尤其是大学生性教育，使得他们在这一时期普遍感到迷茫，出现一些行为或心理上的偏差。还有部分学生可能存在部分先天或后天的机能缺陷，不良的生活习惯等也可导致身体不适、作息异常，从而限制其学习范围与学习潜力的发挥，影响学习效果与自我价值感。在心理特质方面，"自我中心"、缺乏弹性的人格特质，人际交往技能的缺乏等也会影响大学生的心理适应能力。一般分为两类：一类个性追求完美，过于苛求，过度在乎周围的一切，别人的看法，不允许自己没有达到预期目标，容易将失败进行内部归因，从而产生焦虑抑郁等不良情绪；另一类是自我意识消极、学习动机薄弱、容易将失败过度归因于外在因素、自我控制能力低，容易沉迷于网络、游戏等。

（二）家庭因素

"家庭是人格形成的摇篮。"大学生的人格基础形成于家庭，良好的家庭环境对大学生形成健康的人格具有重要作用。事实证明，和谐的家庭氛围有利于大学生形成谦虚、礼貌、随和、乐观的人格特征；反之，则易使大学生形成粗暴、孤僻、冷漠等不良的人格特征。因此，父母的管教态度、家庭气氛、手足关系等家庭成长经验，深刻影响个体日后的人格独立与心理健康。同时，家庭的经济状况也会对他们产生一定的影响，尤其是人际关系方面。

（三）学校因素

高校中乏力的人格教育、呆板的教学方法、强制性学习、竞争的无序化、同学关系紧张等，均使大学生的心理压力增大而影响心理健康。多年来，我国的高校以"学科为本"为主题设置课程，极不重视大学生的心理健康教育。目前，尽管很多高校都设有心理咨询中心，但工作开展的并不尽人意，主要是因为咨询手段和方法落后，适应不了学生的要求，以致学生一旦有了问题，也不愿意去进行心理咨询。

（四）社会因素

人生活在一定的社会文化环境中，因此经济状况、价值观与社会制度也随时影响着大学生的心理健康程度。目前，我国正在经历一个变革转型时期，经济、政治、文化各方面都在变化中，而大学生又正处于生理和心理的不稳定时期，出现各种心理困惑在所难免。例如：社会价值观偏差，过度看重文凭、名牌学校，唯升学论，从而窄化人生，不利于个人多元价值观的建立。其次，由于大众传媒的发达与普及，每个人每天接受大量资讯，但内容却充满商业物质取向，女性物化、拜金主义、享乐主义等表面肤浅的内容，不但使学生容易受到迷惑而分心于学业之外，有时也会造成学生严重的价值观偏差。

二、增进大学生心理健康的策略

大学生群体的特殊性给高校心理健康教育的实施带来了巨大的困难，虽然目前各高校建立了心理咨询机构，成立了各种与心理健康有关的社团。但是大学生心理健康教育是一个系统工程，需要各方面协同发展，因此，探讨大学生心理健康问题的干预策略就显得尤为重要。

（一）从学生个人方面增进心理健康的策略

这是大学生心理健康教育的重要方式，也是在心理健康教育中有效发挥大学生主体性的最佳方式。大学生具有较高层次的知识水平，良好的认知能力和相对稳定的价值观，单单依靠"说服性教育"可能收效不大，因此要充分发挥大学生的主观能动作用，进行自我教育。结合"压力调节模式"，引导大学生合理规划自己的生活，掌握缓解压力的各种方法，保持健康的生活状态；通过阅读一些心理学、哲学的经典名著并开展符合自身特点和水平的心理素质训练，提升自我强度；积极参加各项心理健康活动，熟悉专业心理资源网络，努力增加社会资源等。

（二）从学校环境方面增进心理健康的策略

1. 重视校园文化建设，创造良好的社会心理环境

校园文化作为一种隐性课程无时无刻不在影响着学生的身心发展，大学校园应该是充满温馨关怀、充满活力与希望，能够让每位学生在此学习与成长的地方；应该是一个重视学生的各种能力协调发展、尊重学生各项意见，安全的、性别平等的友善之地；是一个学生能够快乐学习、自我成长的健康环境。因此，构建良好的校园文化是大学生心理健康中不可缺少的一个环节。

2. 重视学生的生涯规划进程，确认学生的生涯发展目标

很多学生就读大学专业时，对自己所读专业的未来发展是非常模糊的，因此学校应该积极地开展生涯规划与选课辅导，特别是大一新生的辅导员可以组织利用新生座谈、班会时间、系学生活动时间、学术演讲等机会，由师长、研究生介绍自己的学习生涯规划过程，提供学生生涯规划的学习对象。当学生的生涯规划设计目标明确清楚时，学生才能安心于学习，相对的，心理健康的程度也会比较高。

3. 积极宣导校内心理卫生工作，增进学生心理适应能力

学校心理咨询中心并非只对问题学生或是危机事件中的学生服务，当学生在心中有困惑、生活感到不适应、希望自我探索以及帮助自己不断迈向自我实现等情形时，都可以主动到中心寻求各项免费的专业咨询，它要承担学生的个别咨询、团体咨询、新生筛查、成长团体、自我探索、生涯规划等服务。心理健康社团要承担心理影片欣赏、书籍借阅、心理健康推广活动等工作，二者应相互配合，通过心理健康的三级预防模式来帮助学生增进心理适应能力，及早解决心理困惑。

第五节 高校大学生心理健康研究

高校体育与大学生心理健康关系密切，如何在高校体育中融入心理健康教育，促进体育与心理健康教育效益互动，既是高校心理健康教育的一个研究课题，也是学校体育

工作者亟待研究与解决的问题。本研究在探讨大学生心理健康水平与其体质、锻炼行为和身体认知结构的关系基础上，遵循"面向全体大学生，以素质教育为理念，发挥高校体育与心理健康教育资源优势，增强大学生体质，提高心理健康水平，促进身心素质协调发展"的总体指导思想，从理论依据、基本原则和目标以及模式基本结构几方面，探讨和设计高校体育与大学生心理健康互动模式。

一、高校体育和大学生心理健康互动研究的理论依据

（一）以全面发展的教育方针为依据

高校体育和心理健康教育是全面发展教育的重要组成部分，它们与整个高等教育构成一个互相联系、互相贯通的大体系。"全面发展"是党与国家的教育方针，是对高等教育工作的基本要求，也是十八大精神的重要体现。"德""智""体""美"是"全面发展"的主要内容，其中体育是全面发展教育的基础，心理健康是全面发展教育的保证。高校体育在教育目标、教育功能上和心理健康教育有某些交叉重叠之处，心理健康教育是体育增进大学生健康的重要内容，而体育运动技能的掌握必须依赖良好心理素质的形成。因此，开展大学生心理健康教育可以为高校体育工作的实施与发展打下良好的心理基础，体育教学效益的提高能有效地促进大学生心理健康教育开展。

（二）以大学生身心发展规律为依据

遵循大学生身心发展规律，是高校体育和大学生心理健康效益互动能够实现的基本前提。大学生的心理发展依赖于身体各方面的发展，生理上的发展为他们的心理发展提供了基础。大学生处于青年中期，他们的生理已经基本趋于成熟，但心理发展尚未完全成熟、稳定，许多心理素质还在建构之中。因此，大学生在成长过程中遇到这样或那样的困扰和矛盾，会形成各种各样的心理问题，但这些问题往往是发展性的，是成长中不可避免的矛盾，是一个从量变到质变的对立统一的发展过程。

（三）以社会对人才的需求为依据

培养高素质人才是时代和社会对高校教育提出的根本任务，具备良好的心理素质是现代社会对人才的基本要求。随着科学技术的迅猛发展，知识经济时代的到来，社会对人才的素质要求更高了，如社会对大学生的进取意识、自主精神、社会适应能力、创新能力、社会责任感、使命感、团结协作精神及与知识经济社会发展相适应的现代意识等提出了更高的要求，这些素质大部分是属于心理素质范畴的。只有心理健康的大学生，才能拥有良好的智力条件、顽强的意志品质和稳定的情感，才能正确对待暂时的失败和挫折，排除各种干扰，有效地投入学习，并促进自我全面发展，从而成为真正意义上的社会所需的人才。

二、高校体育和大学生心理健康互动模式的基本建构

充分挖掘高校体育教育资源,深入开展大学生心理健康教育,既需要有关职能部门统筹规划,组织协调,又需要各部门、各方面明确分工,密切配合;既需要相关专业教师相互交流与沟通,优势互补,又需要多方面的配合和支持,形成合力。建构科学、系统的互动模式是促进高校体育和大学生心理健康教育效益互动的基础保障。基于调查研究和专家访谈结果,笔者认为目前要促进高校体育与大学生心理健康效益互动,应着力建立健全以下三大系统。

(一)建立立体化的组织领导体系

高校体育和大学生心理健康教育要实现效益互动,必须要建立一个立体化、多元化组合的工作管理体系,加强领导,从不同层面、角度、渠道开展工作。具体来说,学校成立大学生心理健康教育领导小组,实行党政统一领导,主管校领导担任组长,成员由学生工作处、团委、教务处、宣传部、后勤集团和各院系等有关方面负责人组成,领导小组负责指导和协调全校心理健康教育工作。

(二)促进师资队伍素质提高的互动机制

高校体育与大学生心理健康教育能否实现有效互动,很大程度上取决于实施体育教育和心理健康教育的教师队伍的心理素质和业务素质,但目前心理健康教育和高校体育师资队伍的素质还远远不能适应高等教育飞速发展的客观形势要求,远远不能满足广大学生日益增长的心理需要。为此,必须从提高教育者自身的心理素质和业务素质两方面来加强心理健康教育和高校体育师资队伍建设。在提高教育者自身心理素质方面,主要通过两条途径:第一,通过教育者自身的努力学习,不断提高自己的思想道德修养水平和心理健康水平;第二,在心理健康教育中心的组织协调下,强化心理健康教育专(兼)职教师和体育教师间的交流和互动,通过教育者之间的优势互补,共同提高心理素养。在提高教育者业务素质方面,主要采取以下办法:第一,定期培训与考核;第二,加强教研活动;第三,合理配置师资。

(三)提高教学效益的运作体系

大学生心理健康状况信息的收集与反馈。第一,制定科学的大学生心理健康普查方案,积极开展心理健康普查工作。新生一入学,全面开展心理健康普查工作,为每一位大学生建立心理健康档案,对测查中发现的各种心理问题,要加强跟踪辅导,提高对大学生心理健康教育、心理咨询和干预治疗的及时性和有效性。第二,加强对大学生心理健康状况信息的收集。除通过心理普查这条渠道收集大学生心理健康信息外,任课教师和管理人员在平时的教学和管理工作中,如发现部分学生出现心理健康问题或出现集体性的心理变化趋向,要及时将信息传递给心理健康教育中心,由专人对信息进行归类、

分析、处理和存档。第三，建立顺畅、有序、严格的心理健康信息反馈机制。心理障碍问题涉及大学生隐私，因此，在反馈心理健康信息时应做到传递有序，范围适度。具体来说，共性的心理健康状况信息应及时传递给教育者和管理者，个别严重的心理障碍者信息反馈给心理咨询、治疗中心和直接管理人员。

高校体育与心理健康教育互动的渠道选择。第一，重视高校体育与心理健康课堂教学的主渠道、主阵地作用。在深化体育教学内容改革，丰富心理健康教学内容的基础上，通过课堂教学普及心理健康知识，传授心理调适方法，使大学生了解并体会心理问题产生和发展的历史过程，帮助大学生消除心理疑惑，提高心理健康水平，从根本上预防心理问题的出现。第二，充分发挥课外体育、运动竞赛和非心理健康教育课堂的作用。根据大学生在不同发展阶段所普遍存在的心理问题，适时举办群体活动，组织多形式的讲座和报告，帮助学生解疑释惑，如新生心理健康教育重点应放在尽快适应新环境和人际交往问题，完成从中学到大学的转变等内容上；二、三年级学生应主要帮助他们解决专业思想问题和人格发展等方面的困惑；毕业生的教育内容主要是就业心理调适和职业生涯教育。第三，营造文明健康的校园体育文化氛围。校园体育文化是学校特有的一种文化现象，健康、积极、向上的校园体育文化氛围会潜移默化地优化学生心理品质，促进体育活动的广泛开展。高校要利用校园广播、互联网、校报、橱窗等宣传媒体，宣传体育知识，普及心理健康知识。第四，积极培育和扶持大学生群体社团，以大学生喜爱的运动项目为载体，开展各种丰富多彩的文体活动和心理健康教育活动，使大学生的心理健康教育和高校体育范围不再囿于传统模式。

高校体育与大学生心理健康效益互动模式的建构应重点围绕组织领导体系、师资队伍建设和互动运作体系三大系统进行建设。首先，学校成立大学生心理健康教育领导小组，实行党政统一领导，下设大学生心理健康教育中心，指导大学生心理健康教育和辅导工作的开展和实施；其次，从提高教育者自身的心理素质和业务素质两方面来加强师资队伍建设；最后，寻找高校体育与心理健康的有效结合点，全方位地开展心理健康教育。

第五章 大学生心理健康教育创新研究

第一节 大学生心理健康教育的新视角

主观生活质量指的是个人对重要的需求、目标、愿望在多大程度上获得实现的主观评估。主观生活质量可以是对整个生活领域的全面质量评估，也可以是对某一特定生活领域的质量评估。研究证实，大学生主观生活质量与个体自身人格特质和认知因素有关，同时一些外在的环境因素也会对主观生活质量产生一定影响。主观生活质量的相关研究给予了学校心理健康教育工作很多启示，不断促进大学生主观生活质量的提高也成为学校心理和教育工作者的工作目标之一。

在过去很长一段时间里，学校心理和教育工作者们把工作重点放在对学生心理问题与疾病的事后干预与治疗上，然而对大学生积极行为的研究显示，只关注心理问题的事后干预的做法对学生日后的健康发展是很不利的。积极心理学认为更有效的做法是，在心理问题发生和发展之前先行培养学生自身的积极力量，这种力量使人能更好地适应多变的环境并可降低心理疾病的发生概率，也可以改善学生的学习表现，其中主观生活质量正属于我们要努力发展的这类心理力量之一。对儿童与大学生心理健康的调查研究表明，大学生的主观生活质量与他们的不良行为间呈显著负相关，大学生低水平的主观生活质量与物质滥用、暴力行为之间存在一定的关系，初中生主观生活质量能显著影响学生的学习成绩，儿童主观生活质量与心理健康水平呈显著正相关。可见，学校在对学生进行心理健康教育时有必要关注学生的主观生活质量。

一、概念的提出

关于生活质量的早期研究非常强调生活的各项客观指标，如收入水平、健康水平、受教育水平、消费水平等，而现在研究者日益关注生活质量的各种主观指标。有观点认为，生活质量是"源于一个人对自己整体生活的当前体验而产生的主观的幸福感受"。Frisch 给主观生活质量如此定义，"a person's subjective evaluation of the degree to which his or her most important needs, goals, and wishes have been fulfilled"（主观生活质量指的是个人对重要的需求、目标、愿望实现程度的主观评估）。主观生活质量可以是对各个生活领域的全面评估，也可以是对某一特定生活领域的评估。不难看出，主观生活质量强调的是个人的主观体验和评价，与个人的认知密切相关。

二、大学生主观生活质量的相关因素研究

当前研究者们对成人的主观生活质量的研究成果丰富，对于大学生的主观生活质量的研究数量和程度远远不及对成人的研究。查阅已有的文献资料可把关于大学生的主观生活质量的相关因素大致分为两类：内部因素和外部因素。

（一）内部因素

大学生主观生活质量的相关研究显示，性别、年龄和社会经济地位不会显著影响大学生的主观生活质量，而大学生自身的人格特征与他们的主观生活质量有着显著相关。Hubner研究发现，与3~13岁儿童的主观生活质量相关最密切的是儿童的自尊感、内在控制感和外倾性。Fogle，Huebner和Laughlin的研究发现，大学生的焦虑特质、神经质倾向等气质特征与主观生活质量水平呈现显著负相关。王胜兴，徐海波和李好兰对少年儿童社交焦虑水平与主观生活质量的相关性研究发现，社交焦虑少年儿童的主观生活质量较差。杨颖，鲁小周和罗思亮对留守儿童的研究证实，学业成绩对留守儿童的主观生活质量有显著影响。

同时也有部分研究者试图探索与大学生主观生活质量相关的认知因素，其中Ash和Huebner发现大学生的归因方式是消极事件作用于主观生活质量的中介因素，具体来说，大学生在生活中经常经历消极事件会使其对生活的控制感减弱，倾向于将生活事件进行外控归因，进而主观生活质量也随之下降。Fogle，Huebner和Laughlin对气质和大学生主观生活质量关系的研究表明，中小学生体验到的自我社会效能感在外倾性与主观生活质量中起到中介作用。

（二）外部因素

越来越多的研究证实，居住环境、背景文化、生活事件等因素与儿童主观生活质量相关显著。如Homel和Burns的早期研究发现，住在住宅区的儿童比在邻商业区或工业区居住的儿童的主观生活质量稍高。Sam开展的一项针对背景文化结构影响主观生活质量的研究显示，生活于单一民族环境中的大学生比生活于多民族杂居环境中的大学生体验到更多的幸福感。另外，Ash和Huebner的研究表明，大学生的主观生活质量与其生活中积极和消极事件的出现频率相关。Fogle，Huebner和Laughlin进一步指出，生活中的积极事件相较于生活中的消极事件能更大地影响大学生的主观生活质量。

家庭因素，如家庭教养方式、来自父母的支持、父母的婚姻状态、父母关系等，都能影响大学生的主观生活质量。Huebner的研究表明尽管良好的同伴关系与大学生主观生活质量呈显著相关，但他们的主观生活质量与亲子关系的相关程度更高。Dew与Huebner也发现，父母间的关系比他们自己的外貌和他们对学业的自我评价更能影响他

们的主观生活质量。Leung 和 Leung 的跨文化研究进一步证实了亲子关系对大学生主观生活质量的影响力。周琴，刘晓瑛和宋媛对苏州市某社区 8～10 岁外来儿童主观生活质量及其影响因素的调查发现，外来儿童的家庭关系对其主观生活质量影响较大。胡华，张波和陈云华在研究儿童主观生活质量的影响因素时发现，家庭关系对儿童主观生活质量影响较大。

大学生的主观生活质量也与他们的校园经历相关。如 Huebner, Funk 和 Gilman 发现，大学生低水平的主观生活质量与他们对学校与教师的消极态度显著相关。Baker 的研究显示，对老师与学校怀有积极态度的学生更能体验到较高的主观生活质量并表现出更多的社会期许行为。Baker 研究证明，大学生较高的主观生活质量水平与其参与课外活动（如体育运动、俱乐部活动等）的程度相关。胡华，张均华、梁剑玲研究指出，校园同伴关系对少年儿童主观生活质量中总体满意度、情感成分和认知成分有显著影响。

三、大学生主观生活质量研究对学校心理健康教育的启示

对大学生主观生活质量的相关研究给予学校心理健康教育工作很多启示。主观生活质量不仅是种结果变量，它也可以作为外部环境与大学生行为之间的中介变量而发生作用。因此，不断促进学生主观生活质量既是学校的心理健康教育的最终目标之一，也是预防学生问题行为产生的有效手段之一。

（一）对心理评估方式的启示

学校传统的心理评估重在对心理疾病严重程度的评估（如使用 SCL-90 量表进行评估），对大学生主观生活质量的研究为学校心理和教育工作者提供了一种新的工作视角，学校心理工作者应考虑对学生自身积极力量与环境中的积极因素的评估，其中就包括对学生主观生活质量的测量。对学生主观生活质量的日常测量能为学校心理健康教育工作提供重要信息，大学生主观生活质量量表作为筛选工具，对处于危机边缘的大学生能起到识别作用。已有研究表明，在各类学习问题（如辍学）与健康问题（如抑郁、自杀、呼吸道感染）出现前，个体的主观生活质量都会有所下降。显然，主观生活质量量表可作为一种快速诊断工具。因此，对学生主观生活质量的评估不仅能在学生的心理问题与不良行为的预防工作方面发挥作用，而且也为促进学生心理健康的工作提供方向。

（二）对心理干预策略的启示

学校心理和教育工作者以改变大学生人格特质为目标的长期干预是比较困难的，旨在提高学生主观生活质量的干预策略更切实有效，这种心理干预可采取综合的方法，应体现出学校、家庭和学生个人的共同努力。在学校，学校心理和教育工作者可以采取短期认知——行为疗法，改变学生的消极认知（如外控归因方式、低社会自我效能等），进而改变他们对人生的消极评价。与此同时，鼓励学生参与有意义的校内集体活动、培养学生解决问题的技能，让学生的个人努力对干预过程发挥积极作用。另外，必须注意

的是，家庭的支持对学生的主观生活质量水平的提高有重要意义，若能对学生家长进行必要的培训，则会让干预过程更完整，对学生家长的培训首先是为了帮助家长认识到他们对学生心理健康潜在的影响力，然后帮助他们发展家庭对学生的支持性力量。

（三）对学校环境建设的启示

虽然主观生活质量是一种个人体验，但对它的研究已清楚地显示出生态因素的作用，可见，要改变学生的主观生活质量水平和行为不仅要改变学生个人也要改造周围环境。学生若对学校和教师持有积极评价则更能体验到较高的主观生活质量，而且倾向于表现出更多的社会期许行为，那种只关注改变个体自身而忽视改造周围环境的干预过程明显是有欠缺的，因此学校心理和教育工作者如能更多关注学生对校园环境的体验将有利于实现心理健康教育目标。学校应以提高学生主观生活质量为着眼点，建设积极校园环境，如积极开展绿色校园建设、组织丰富有趣的学习活动、举办各种校园公益活动等，以增加学生在学校中经历各种积极事件、获得积极情绪体验的机会，这对提高学生的主观生活质量水平是有帮助的。

目前国内关于大学生的主观生活质量的研究仍未全面展开，已有研究也大都限于特殊儿童（如多动症儿童、留守儿童、社交恐惧症儿童等）群体，且数量不多，国外关于大学生主观生活质量的研究虽不及成人研究，但也积累了一定的成果。研究表明，大学生高水平的主观生活质量能预测更多的适应行为，与适应功能相关的各种变量与大学生的主观生活质量相关。但是在主观生活质量的相关研究中大部分都只是以一次性的相关研究为基础，变量间彼此相关的方向尚不清晰，需要更多的设计和严格的纵向研究对这些问题加以解释。不断促进学生主观生活质量既是学校的心理健康教育的最终目标之一，也是预防学生问题行为产生的有效手段之一。学校心理与教育工作者们应从当前研究中搜集有价值的信息，在学校心理健康教育的实践当中自觉应用研究成果，对传统的学校心理健康教育进行必要的补充与改革，最终为实现学校心理健康教育目标服务。

第二节 音乐教育与大学生学生心理健康

以新的方式推进立德树人工作，培养德、智、体、美、劳全面发展的社会主义建设者和接班人。积极尝试在音乐教育方面帮助大学生提升心理品质是贯彻落实习会议精神的具体体现。从大学生的心理健康现状入手，分析音乐教育对心理健康成长的促进作用，提出在音乐欣赏教学中采用以活动为主、开展合唱训练、鼓励和引导等手段帮助学生心理健康发展。

音乐教育属于美育的一部分，它能提高学生心理素质、培养审美情趣，达到修身养性、净化心灵的目的，是开展学校德育教育，培养大学生立德树人的重要途径。大学生是中国特色社会主义的接班人，随着现在物质水平的逐步提高，他们更需要心灵上的关爱和帮助，心理健康关系着他们一生的发展。重点针对长期以来疏于德、弱于体和美、缺于劳的问题，换脑筋、换思路、换办法，改环境、改途径、改习惯，让立德树人回归社会、回归家庭、回归生活，以新的方式推进立德树人工作，培养德、智、体、美、劳全面发展的社会主义建设者和接班人。因此，通过音乐教育去促进、帮助大学生心理健康成长，制定切实可行的音乐欣赏教学模式具有重要意义。

一、大学生心理健康现状及原因分析

大学生时期主要指少年期和青年初期，十一二岁至十八九岁，也就是学龄中晚期。这个时期是由不成熟的童年期走向成熟的人生道路的转折时期，是人生极为重要的关键时期。在这一时期，大学生从生理、心理、知识、智力等各个方面都有巨大发展，他们不仅学习各科知识，发展智力，而且寻求友谊，探索人生的意义，树立理想，初步形成人生观和世界观。但同时，他们也面临着许多成长中的困扰和问题。

（一）大学生面临的心理健康问题

学习方面，大学生正处在学龄期，学习上的竞争压力日益增大，除了面对老师的要求、父母的期待，他们还要承受中考、高考可能带来的巨大心理压力。有的学生容易紧张，对自我要求较高，常在考试前或考试中产生焦虑情绪，严重的甚至表现为焦虑泛化，出现食欲不振、失眠、呼吸困难等生理问题。有的学生面对学习压力，在屡次遭到失败后产生厌学的情绪，遇到学习上的问题和困难采取逃避的态度，在学校被老师批评，在家受到父母的指责，对学习越来越排斥。

人际关系方面，现在的大学生个性突出，以自我为中心，在生活中父母对其百依百顺，面对集体生活时很少能主动关心他人，宽容他人。因此，若与老师、同学意见不合或发生摩擦、矛盾等，往往缺乏正确的沟通和交流，甚至变得孤僻、独来独往。还有的学生因缺乏与父母之间的沟通，常处在不和睦的家庭关系中，性格专横、固执，再加上有的学生属于单亲家庭，会感到自卑或得不到关爱。

大学生进入青春期时，由童年期逐渐向成人期过渡，在这一段特殊时期他们的生理、心理都发生着巨大的变化，但他们的认知还处在天真、理想化的状态。因此往往容易出现自卑、逆反等心理。一方面他们迫切地希望自己独立，具有成人感，另一方面他们在学习、生活、经济上都需要依赖父母和老师。当父母或老师不能认同自己的观念或过度干涉时，他们就会产生强烈的反感，有的甚至走向另一个极端，完全拒绝家长和老师的帮助，这就形成了所谓的"叛逆期"。

（二）大学生心理健康问题的原因

随着现代信息化的不断发展，大学生可以接触到不同国家、文化、宗教信仰等各方面的思想，他们的身心还尚未成熟，许多负面、不良的社会风气和思想会侵害他们的身心健康。有的网络游戏渲染暴力、色情，还有许多垃圾影音制品充斥文化市场，导致大学生的世界观、人生观、价值观产生问题和偏差，也势必会诱发许多社会问题。

家庭是人生的第一个课堂，父母是孩子的第一任老师。家庭教育对孩子的心灵成长有着潜移默化的深远影响。有的父母对孩子属于"溺爱型"，特别是隔代抚养的家庭，对孩子提出的各种物质要求有求必应，却疏忽了思想上的引导；有的父母属于"专制型"，对于孩子方方面面都加以严格控制，很少倾听孩子的心声，导致孩子出现叛逆或自卑；有的父母属于"放任型"，孩子只管养、不管教，对孩子在学校的表现不闻不问，导致孩子学习习惯差，组织纪律性差，对任何事都采取无所谓的态度。

学校教育和管理水平的参差不齐也影响着学生的健康成长。在我国长期以来的应试教育体制下，学校追求升学率，看重学生的考试成绩，老师也要忙于如何帮助学生提高成绩。因此，在不同程度上学生的心理健康教育、素质教育被排在了次要的位置。但学生在成长中除了需要学习知识武装头脑，更需要在思想上获得引导，帮助他们树立正确的是非观，使他们将来成为社会的有用之才。

大学生之所以会产生各种心理健康问题还有一个因素是他们自身。进入初中后，也是学生"心理危险期"的开始，他们在生理和心理上都逐渐发生变化，迫切地需要别人把他们当作成人看待，希望得到更多的独立的活动空间以及认可，但又缺乏生活经验，不能正确看待自己的问题。若在这一阶段家长、老师能充分认识到孩子的问题，及时处理，就能帮助他们顺利度过这个阶段；反之，这种心理问题可能会延续到高中阶段甚至更久。

大学生时期是每个人心理发展的重要阶段，出现心理健康问题是很常见的现象，想要走进学生的内心，引导学生的思想，音乐教育有着比其他学科更独特的优势。

二、音乐教育对大学生心理健康发展的促进作用

音乐是心灵的迸发，它来自人们的内心，又对人的心灵产生反作用。柏拉图曾说："音乐教育除了非常注重道德和社会目的外，必须把美的东西作为自己的目的来探求，把人教育成美和善的。"因此，将音乐教育用于帮助促进大学生心理健康发展是尤为重要的。

（一）帮助自我认识与接纳

认识自我，是我们认识整个世界的起点；接纳自我，是我们与外部世界和谐相处的基础。大学生时期正是自我意识发展的重要时期，尤其是进入青春期以后，他们忽然意识到了"我"的存在，开始学习独立思考问题。在这个过程当中，针对自己大量的反思难免给他们带来"迷失"的感觉。聆听、感受音乐不仅能帮助他们内在思考和领悟，还能通过音乐与外部环境建立联系，在接触音乐的过程中回顾自己的童年，了解自己的喜好与个性，从而建立良好的自尊、自信，帮助他们认识自己，以积极乐观的心态接纳自我。

（二）调节情绪

心理健康的重要表现之一就是对情绪的良好感知和控制，这既包括自己的情绪管理，

也包括对他人情绪的感知。大学生由于生理和心理的快速转型，对外部环境容易过于敏感，情绪反应往往十分激烈，起伏剧烈，表现出冲动、易怒、暴躁、叛逆的特点。音乐是情感的艺术，欣赏音乐能帮助大学生提高情绪的感知力，聆听音乐还能有效缓解不良情绪带来的心理压力，让情绪有所排解。贝多芬说过："谁能渗透我的音乐，便能超脱寻常人无法自拔的困难。"可见在学习音乐的过程中，学会感知苦痛、感知他人的情绪体验，也能帮助自己形成坚韧、坚强的心理品质。

（三）树立正确的人生观、价值观

有的大学生虽然没有表现出明显的心理问题，但每天昏昏欲睡，得过且过，对于自己的未来缺乏目标，这种状态是一种心理"亚健康"。对自己未来的职业生涯进行合理的规划，是每个人毕生的重大课题。合理的规划需要建立在正确的人生观和价值观上，而诸如《我和我的祖国》《黄河大合唱》《旗正飘飘》《毕业歌》等具有中华民族特色的经典音乐作品，不仅能让学生感知到音乐家那不屈不挠的顽强精神，更能培养学生对青春、对生命、对祖国的热爱，帮助、促进学生树立有追求、有理想的人生目标，潜移默化地影响大学生价值观的形成。

三、在音乐欣赏教学中促进大学生心理健康发展的途径

（一）以活动为主，强调主观体验，帮助学生融入课堂

大学生正处于自我认识和自我管理能力较弱的时期，想要对他们进行心理健康辅导不能只讲道理、摆案例，这样的方式大多数学生都很难接受。传统的音乐欣赏课只停留在介绍和聆听，乐曲虽好，但缺乏互动参与。若在课堂上设计有趣味性的音乐体验活动，例如在播放一段音乐时，让学生用左右手相互配合，根据老师给出的口诀，学习配合音乐简单地打节奏，通过类似的团体训练活动帮助学生在轻松的氛围中进行主动参与和体验，既能减少学生对于"课堂说教"的抵触情绪，也降低了学习过程中的紧张感、压力感，使他们可以更自然地展现自己的特长与优势，体会在课堂活动过程中带来的体验和认识。

（二）开展合唱训练，创设学生互动学习，加强信任合作

处在同一年龄阶段的大学生遇到的问题和困惑往往十分相似，而预防大学生出现心理健康问题的重要手段之一是同伴的关心和帮助。相比老师与学生、家长与学生，同龄学生之间更容易进行心灵的沟通，他们也更渴望得到身边同学的接纳与信任。现如今合唱艺术已经与流行音乐、新音乐打成一片，成了年轻人喜爱的音乐类型。在音乐欣赏课中正好可以给学生开展合唱训练的机会，一方面让学生接触、了解不同类型的音乐作品，开阔眼界，提升欣赏水平；另一方面通过集体合唱训练能增强同学之间的集体荣誉感和归属感。在学习合唱的过程中既需要同学之间相互交流、相互帮助，也需要他们相互配合、相互信任。因此，开展合唱训练能较好地促进学生之间形成良好、积极、健康的心理状态。

（三）丰富教学内容，鼓励学生主动展示

促进大学生心理健康发展包括方方面面，其中除了发展自我意识、情绪调控、人际交往等还包括学习潜能的开发。科学研究表明，人的大脑两半球有一定的分工，左半球执行着言语和抽象思维的功能，称为优势半球；但右半球的功能与空间位置、形状、音乐及情感等方面的信息有关，在生活中也有重要意义。音乐虽不能表达明确的思想，但它对称的结构、起伏的旋律、张弛的节奏都能对人的感官产生直接的刺激，让大脑及神经系统放松或兴奋，帮助想象力的开发。课堂上可以通过用色彩与音乐、音乐的情绪、音乐冥想等方式充分调动学生的视觉、听觉、触觉、嗅觉，鼓励学生在小组和班级里分享自己的体验与感受。在学习的过程中学生从被动听，到主动展示，不仅能提高学习效率和记忆力，还能锻炼自己的心理素质，提升心理健康水平。

（四）适时引导，为学生的成长保驾护航

课堂活动就是善意的"圈套"，它把学生引入其中，让他们不知不觉地获得成长。在学习的过程中绝不是一帆风顺的，学生可能会遇到各种各样的问题，有的学生对于音乐及艺术感兴趣，但认识较浅，了解范围仅限于流行音乐或街舞；有的学生一开始就认为自己五音不全，对于音乐学习有自卑和抗拒的心理，这时老师需要及时了解学生的心理状态，根据不同学生的情况给予适当的引导。因此教师必须掌握教育学、心理学以及专业知识，根据大学生身心发展规律有的放矢地开展教学活动，关注学生的成长动态，在教学时耐心地辅导学生，帮助他们克服心理障碍，助力他们健康成长。

音乐教育对大学生的心理健康起着重要作用，也是提高素质教育不可或缺的重要内容。聆听音乐、感受音乐、分析音乐、记忆音乐、评价与鉴赏音乐不仅是在激发学生学习兴趣，开阔学生视野胸襟，更是在丰富学生的精神世界，开发学生潜能，提升学生的心理素质。只要坚持科学的教育思想，遵循学生心理发展规律，采取正确的教学手段，将音乐教育与心理健康教育有机结合起来，才能有针对性地帮助学生心理健康发展，为促进大学生心理健康贡献一分力量。

第三节 大学生活动中心实施心理健康教育

大学生是国家的未来。俗话说："少年强，则国强。"所以，在大学生的成长阶段，成绩的优异与否已经不是学生成长时期的主流了，学校及家长关注的重点，应是学生的心理健康与否。而且，出现的很多案例也说明了学生心理健康教育的重要性。基于此，本节就对大学生活动中心实施心理健康教育做出简单的分析和阐述。

随着时代的发展，国家对学生的教育也投入很大的精力。除了要保证学生的学习成绩以外，还要重视起对学生的心理健康的建设。并且高校要在对学生的教育期间，多组

织学生进行一些大学生的心理健康活动。这样才能全方面地对学生的心理健康教育起到一定的效果。而且，现在的社会讲究的就是素质教育，因此，为了能够保证学生的全面发展，就应该对学生的心理健康教育提起高度的重视。

一、事例说明对学生心理健康教育的重要性

在现实生活中，有很多的案件主人公都是学生。未成年的学生也有，上大学的学生也有。在看到这些令人痛心的新闻时，人们的第一反应就是，"上学的时候，学生都学了什么？怎么考了这么好的大学，成绩这么优异还能干出这种事情呢"。所以，这也就证明了，大部分的家长都会觉得，只要学生的学习成绩优异，那么学生的其他方面也一定很优异。

实则不然，放眼整个社会，有很多优秀的人，成绩优异，事业有成。但是，这些人还是会做出错误的事情，这证明他们的心理是不健康的。举例说明：今年最火的"江歌案件"。凶手"陈世峰"身为日本留学生，这个身份就足以证明他的成绩最起码是很优秀的，而且"陈世峰"所学的专业还是汉语专业，这证明他的文化底蕴还是很深厚的。但是，为什么他还是能做出这样伤天害理的事情呢。通过调查他身边的人，大家对他的评价是：虽然长得一表人才，看起来也很温柔，也很会与人相处，但是一涉及自身的利益关系，他就会变得很凶，甚至调查他的前女友，前女友也表示，两个人发生争吵，陈世峰会动手打人，而且是属于报复行为。

这就完全说明了，陈世峰的心理是有点扭曲的。在他的认知里，他不允许别人伤害自己，但是自己可以伤害别人。所以一个人的心理健康与否，成绩是做不出保证的，而且一个人的外貌也是无法做出保证的。

所以，通过这些类似相关的案例的证明，都足够让我们提起对学生的心理健康的重视。在学生未成年之前，就做好对其心理健康的建设，从而保证学生的未来能有一个更好的发展。因此，在对大学生的教学过程中，一定要高度重视对学生的心理健康教育，校方以及家长应该多带领学生去一些大学生活动中心，才能保证可以从根本上让学生感受到学习心理健康教育的重要性。

二、对学生心理健康教育的具体措施

其实在教育部门提出对学生心理健康教育的时候，我们学校就已经积极地响应了教育部门的号召。而且，为了保证对学生的心理健康的教育实施，我们学校分别在2017年和2018年的时候，组织了很多的比赛和活动。

在2017年，我们为了丰富学生的课余生活以及拉近老师和学生、家长和孩子之间的距离。我们举办了风筝大赛和益智器具比赛，并且邀请了所在社区的党员带领学生进行了入党誓词以及重温红色教育的活动。其目的就是在学生的心里牢牢地打下坚实的基

础,牢记革命前辈为我们现在美好生活的付出和洒出的热血。

在2018年的时候,我们学校还接待了工农分局禁毒大队和社区的参观,对学生进行禁毒教育,为学生普及毒品的危害以及让学生学习到各种可以保护自己的技能和方法。学生是我们的未来,是祖国的花朵。我们身为老师不能保护他们一辈子,但是可以教他们保护自己的方式。

而且,学生在老师的心里,除了是学生的身份之外,更像自己的孩子。与我们朝夕相处。因此,教育学生就像教育自己的孩子一样,用心且尽力。在传授他知识的同时,还要关注他们的心理变化和心理健康,为学生的未来更好地负责和做出保障。

三、大学生活动中心存在的意义

从当今的社会发展来看,教育从质量教育变成了素质教育。而社会也慢慢地变成了素质社会。而想要更好地除了在学校对学生进行心理活动,设立相应的活动机构也是必要的。而且,随着时代的发展,越来越多的问题会慢慢浮现,与其发生这样的事情,不如提早对学生进行预防,从而杜绝危险事情的发生。

所以,大学生活动中心的设立,就是为了给学生提供一个活动和学习的区域。而且,在大学生活动中心,学生可以学习和接触到课本之外的知识和内容,更能够全面地对学生的进行心理辅导。更重要的是,在大学生活动中,大学生可以在社区参加各种积极向上的活动,这是学校方面做不到的。而大学生活动中心建设的意义就是为大学生打造属于他们自己的天地。学生可以在这里释放自己,学习新的知识和内容,与此同时还能培养自己的优良习惯和生活能力。

所以,大学生活动中心的创立,起到的作用和意义都是积极向上的。他们能更好地了解学生的内心,向学生普及更多适合他们的学习方式或者心理知识。这都是为了能够帮助学生在未来和以后的生活中,能够积极正确且健康地生活和成长。

总而言之,综上所述。在大学生的成长阶段,不应该过多地重视学生的学习成绩。一个人的优异,不仅仅是成绩还有素质和心理。一个人的全面发展,就是要对学生的内在和外在都要重视。而且,现在社会发展速度飞快,网络技术发达,大学生的辨知能力又不够好。所以,在教育的过程中,一定要重视到学生的各个细节方面。而心理健康问题,更值得老师和家长的关注。并且在教育的过程中,一定要结合社会各个方面的资源和能力,从而为国家培养出心理健康、十全十美的人才和栋梁。

第四节 案例法介入大学生心理健康教育

为更好地提高大学生心理健康教育的实效,本节理论阐释与案例分析相结合,分析了案例法的内涵和特点，重点分析了在大学生心理健康教育中的应用策略，切实丰富学生的心理健康知识，提高学生对有关心理健康问题的认识，增强他们的自我调适能力，促进学生形成良好的心理品质，塑造健全的人格。操作性强，效果好。

自20世纪80年代中期始，我国中小学相继开展心理健康教育，将心理健康教育纳入工作计划之中，并启动心理健康教育的理论与实践研究。我国心理健康教育改革逐步深入，陆续提出了情景教学法、角色扮演法、体验教学法、案例分析法等一系列心理健康教育方法。本节结合笔者多年的教学实践，重点探讨案例分析法在大学生心理健康教育中的介入应用，以期更好地提高大学生的心理健康教育效果。

一、案例法的内涵阐释

19世纪80年代，哈佛大学首先提出了案例法，后被哈佛商学院用于更好地培养高级经理人才，提高商业精英的管理能力；然后又被许多公司借鉴过来，更好地提高员工的综合素质。今天，案例分析法已经成为各个企业对员工进行培训教育以及各类医疗卫生、教育教学研究活动中非常重要的教育培训方法。案例法最为突出的特点是结合学生实际，把抽象的教育理论、教育知识、教育技巧和现实案例有机结合起来，是学生分析讨论最为重要的依据，也是帮助学生更好地提高理论认识水平、增强实践应用能力的重要纽带。

从心理学的角度来看，案例又被称作个案，是社会生活中的一些个别现象或者事件，案例是对具体情境的真实客观描述。案例首先应具有真实性，必须来源于学生的生活实际，是学生生活当中确实发生，并且学生比较认可的一些事实，这些事实可能是某些学生的真实经历，或者是其他学生能够在生活中真切感受到的事件。其次，个案具有突出的典型性，虽然是某个学生或者某一事件，但是代表着生活中的一类现象或者问题，这个问题在学生生活中经常见到，在学生身上经常发生，可能是每一个学生在生活当中都会出现的问题。再次，案例还必须具有启发性，能够让学生从具体的案例分析中认识到相关的问题，透过现象事件来更好地反映背后本质性、规律性的东西，让学生能够得到更多的启发，认识现象背后的本质特征，帮助学生更好地拓展思路，进而促进学生更好地学习相关理论和知识，真正让学生从思想上认识、从行为上改变，教给学生具体的思考问题、解决问题的办法。

二、大学生心理健康案例法介入的基本特征

案例法介入是对大学生进行心理健康教育非常有效的方法，能有效提高学生的心理健康水平，培养学生良好的人格修养，促进学生性格全面发展。案例法在心理健康教育中具有明确的目的性、突出的问题性、深刻的启发性、师生的互动性和较强的综合性。而在大学生心理健康教育中具有以下几个方面的明显特征。

问题突出。运用案例法对大学生进行心理健康教育，要给学生展现一个个非常鲜活的案例，每个案例都有特定的个人经历，而且是很常见的一些心理健康问题和行为问题，这些问题都具有非常突出的特点，所表现出的行为都具有明显的异常特点。引导学生进行心理健康学习就是从学生的学习和生活实际出发，让学生通过分析具体案例中所表现出来得非常明显的问题，通过分析探究找到各种问题的根源，分析这些异常行为背后的心理问题，让学生掌握相关的心理健康知识，帮助学生更好地进行自我心理调适，提高学生的分析和自我调节能力。

目的明确。案例法是一种非常有效的心理健康教育方法，教师为了更好地提高心理健康教育的效果，实现预定的教学目标，要对案例进行深入分析、精心选择，在编排和组织教学活动中，尤其是在具体实施过程中，围绕着学生所存在的心理健康问题，结合教学目标，通过具体的教学任务引导学生对相关的案例认真阅读、讨论思考、领悟总结。所选的案例具有典型性，能够针对学生的生活实际，结合学生的心理健康发展阶段特点和突出问题，对学生进行有针对性的分析指导，达到预期的教学目标。

启发深刻。案例法在大学生心理健康的介入教育，具有比较明显的启发性。每一个案例都要在教师的引导下给学生以更好的启发，引导学生独立思考、深度分析，然后小组讨论，让学生在小组讨论过程中相互启发、相互促进，实现思维方式的灵活转变、思维方法和观点的碰撞，让学生获得更多的知识，不断拓展学生的思路，丰富学生分析和解决问题的方法和技巧，增强学生对相关知识的认识程度和领悟能力，从而不断提高学生对各种心理偏差的认知和分析能力。

互动性强。案例法不仅要对学生进行分析阐述，更为重要的是教师和学生能够很好地结合案例进行有效的互动，让学生去更好地分析知识、发现问题。通过师生之间、学生之间的对话交流，让学生能够得到更多的启发，获得更多的共鸣，从而实现教学的共振，让学生在多元互动的学习氛围当中获得更多的心理健康知识，促使学生更好地针对问题进行思考，不断提高自我调节能力。

三、大学生心理健康教育案例法介入的步骤与要求

教师精心选择案例，确保学生真切体验。选择案例是对学生进行心理健康教育的前提，教师要针对学生的实际，围绕教学目标，整理更多的教学案例，从中选择最适合学生发展和能力提升的典型案例。比如，针对学生入校以后所表现出来的意志消沉、理想陨落、精神颓废等现象，给学生进行相关的心理健康教育，引导学生更好地守护心灵，重新燃起学习的热情、拼搏的斗志。

案例：小刘是一个让家长引以为豪、亲戚羡慕不已、同学小有嫉妒的好学生，有理想、有抱负、爱学习、有追求，希望依靠自己的辛勤拼搏考入理想的象牙塔，圆自己的大学梦。因此，为了能够问鼎名校，他辛勤刻苦、废寝忘食、专心致志，放弃了很多爱好，

利用一切能够利用的时间学习，但还是感到自己比不上那几个优秀的学生，无论怎么努力，总是有一定的差距无法实现超越。于是，他开始怀疑自己，产生了自卑、嫉妒心理，甚至有了放弃理想的念头，心理上渐渐心灰意冷，行为上开始放纵自己，偷偷抽烟、喝酒。

这些心理行为表现在学生当中经常会出现，也是很多学生在遭遇挫折时所采取的一些行为方式。这个案例就具有典型性、普遍性、真实性、代表性，很容易让学生获得思想上的认同，并且能够激发学生的学习兴趣，让学生能够针对各种问题去思考、去自我认知，提高学生的心理健康品质。

精心组织分析讨论，做好师生有效互动。对典型案例进行分析讨论是实施案例法心理教育的核心环节，做好这个环节应该设计好相关的问题。要为学生提供较好的话题，结合学生已有的知识，围绕学生的心理特点，针对要实现的教学目标，提出与学生心理和教学目标密切相关的并且富有启发性的问题，让学生合作交流讨论，并且能够和学生一起参与讨论，做好师生之间的互动。比如，为了让学生能够更好地了解人的情绪表现形式、学会自控，笔者通过多媒体播放动画，给学生介绍一个案例供学生感知分析。

案例：体育课篮球训练，小文与小夕发生了肢体碰撞，小夕很生气地指责小文动作不规范、篮球技术差，让他立即下队。小文感到很难堪，一生气就跑了，跑了一段距离后原路返回，对着这位同学歇斯底里地大吼：你真没有修养，缺乏教养……并动起手来，经过其他同学竭力劝阻才平息下来。发泄了自己的愤怒之后，看到那位同学的生气模样，小文有些许的痛快。这些现象司空见惯，很多都发生在学生自己身上。接下来给学生提出问题，小文此时表现出来的是一种什么样的情绪？这样的心理和行为表现具有哪些特点？根据你的理解，你认为小明这样的表现合适吗？接下来就可以组织学生进行讨论。

这样，通过具体的案例给学生提出一定的问题，并针对问题组织学生进行合作交流，让学生能够站在不同的立场，从不同的角度进行分析，探讨事件背后的原因以及解决的措施，找出问题的根源。教师要鼓励他们根据自己的理解大胆思考、积极发言，并认真倾听学生所提出的各种问题和观点，尊重学生的观点和见解，针对学生所出现的问题或者偏离讨论主题的现象应该提出有针对性的引导策略，引导学生对问题进行深入的思考和讨论。

做好师生角色定位，认真做好总结评价。实施案例法教学，教师不能简单地灌输知识，而要给学生提供鲜活生动的案例，组织学生分析研讨，做好激励指引。学生不再是被动地接受老师的机械说教，而是成为积极参与互动研究的主体，结合自身实际认真研究，在实践中加深认识，以实际行动践行相关理论。教师引导学生分析讨论以后，应该给学生留出更多的时间和空间，让学生对问题进行深入的思考、探究和总结，形成自己的结论性认识。最后，教师要对学生进行总结性评价。

例如，教师在组织学生讨论小文的行为、心理以及应对策略之后，需要针对学生自由发表阶段所出现的各种观点和认识，进行针对性评价，允许学生提出不同的观点和认识。一方面能够很好地反映出学生的问题，实际上也是学生的心理表现，同时对相关现象进行深入的剖析和点评，对学生正确的认识加以肯定，对学生不同的思考方式方法加以赞扬。当然对学生所出现的问题以及不正确的现象或者认识应该加以纠正，并提出一定的见解，最后还要归纳总结补充有关的知识，再对学生进行方法和技能辅导，提高学生的心理健康质量，让学生能够在教师的总结和评价中受益更多，对案例的点评应该做到因势利导、层次清晰、合乎情理。

注重课堂有效延伸，确保学生能迁移提升。心理健康教育要能够通过具体的案例，帮助学生更好地掌握相关的心理健康知识，提高学生的心理健康分析能力，加强学生自身心理健康意识的培养，帮助学生更好地认识自己，善于分析自己的心理和他人的行为，掌握各种心理自我调适的技巧和方法，从而引导学生进行心理健康的自我调适，提升心理健康水平。因此，要想真正地提高学生的心理健康水平，必须在案例教学的过程中做好有效地拓展延伸，让学生将有关案例中学到的知识、分析方法应用到自己的生活和学习实践中去。

例如，体育课上发生一些肢体接触和碰撞是很正常的事情，每一个学生在体育课上都会遇到这种情况，现在设想事情就发生在你们身上，你们需要怎么样的措施来应对？在我们身边也发生过类似的事情，他们是怎样处理的？如果你在旁边，你会用怎样的方式来帮助他解决这样的问题？这样能够很好地把学生所学的有关知识进行有效的拓展和延伸，从而把知识和技能与社会生活实践有机统一起来，不断提高学生分析和解决问题的能力。

明确教法实施原则，凸显教法教育作用。

（1）保护个人隐私。案例教学法的实施要遵循一定的原则，首先要保护好当事人的个人隐私。运用案例法开展心理健康教育，所选的各个典型案例都是真实案例，为了更具说服力，选择的很多案例就发生在学生身边，当事人有可能就是学生的同学，甚至就是在座的学生，很多情况会关系到学生的个人隐私，影响到学生的同学关系、心情等。因此，一定要保护好当事人的个人隐私，必要时还要争取当事人的理解和支持。

（2）设计情理相融。心理健康教育是一门科学，需要理性引导，同时又是情感因素非常重的学问，要想更好地得到学生的认可，需要给学生真实的情感体验。为此，在设计相关教学案例时要考虑情感因素的融入，给学生一个较好的情感体验，增强教学效果。

（3）选择兼顾正反面。很多心理健康教育都是针对学生心理健康上存在的不良问题，反面案例居多，能够引导学生更好地结合具体问题，认识分析和改进。事实上，适当穿插一些正面案例更有启发作用，为此，一定要结合学生的实际问题，案例选择兼顾正反性质。

在教学过程中，教师要认真研究学生的心理特点、年龄阶段，针对每一个学生的心理特点和行为表现采取有针对性的教学，切实丰富学生的心理健康知识，提高学生对有关心理健康问题的认识能力，增强他们的自我调适能力，促进学生形成良好的心理品质，塑造健全的人格。

第五节　大学生心理健康教育政策的经济环境

　　大学生心理健康教育政策受不同经济发展水平的影响，对其经济环境进行研究十分有必要。大学生心理健康教育政策环境主要是指影响大学生心理健康教育政策实施的物质设施设备生产、分配、交换和消费的情况，以及资源、师资、专家、生产力发展水平、人们心理健康需求水平等内容。研究者提出了建立心理健康教育成本分担机制、专项经费机制和监管机制的建议。

　　历史唯物主义告诉我们，社会的经济基础决定上层建筑，上层建筑反作用于经济基础。任何一项教育政策的实施都需要经济保障，需要经济发展提供物质基础，否则就无法取得预期成效。作为教育政策的组成部分，大学生心理健康教育政策也是这样的，也需要经济发展所带来的足够的物质基础和保障。

　　我国心理健康教育事业可以借用赫尔曼·艾宾浩斯对心理学发展史的论断来形容——"心理学有着长久的过去，但是却只有很短的一段历史"，我国心理健康教育事业有着一个漫长的过去，但大学生心理健康教育政策却只有很短的一段历史。教育部于1999年8月13日颁布了《关于加强中小学心理健康教育的若干意见》，被认定为我国大学生心理健康教育工作的一个里程碑。随后国家在《国务院关于基础教育改革与发展的决定》《中共中央办公厅、国务院办公厅关于适应新形势进一步加强和改进中小学德育工作的意见》《中共中央国务院关于进一步加强和改进未成年思想道德建设的若干意见》《国家中长期教育改革和发展规划纲要（2010—2020年）》等多个文件中都对加强心理健康教育有相当篇幅的说明和强调。《中小学心理健康教育指导纲要》及其升级版《中小学心理健康教育指导纲要（2012年修订）》更是当前指导与规范心理健康教育发展的"好声音"。期间，《教育部关于地震灾区中小学开展心理辅导与心理健康教育的通知》《教育部办公厅关于公布首批全国中小学心理健康教育示范区名单的通知》《教育部办公厅关于实施中小学心理健康教育特色学校争创计划的通知》等专业政策的出台，为完善学校心理健康教育政策系统发挥了各自作用，更为开展心理健康教育提供了标杆和榜样。

　　这些政策的实施、执行都离不开足额的经费、充分的物质保障，否则就会寸步难行，无论这些经费、物质基础是隐性的投入还是显性的保障。一项好的心理健康教育政策并不在于它设想得有多么美好，也不在于制定者提出的预期目标有多么高，而是取决于这一政策的实施成本社会、政府、学校等政策实施主体是否可以承担。显而易见，对大学生心理健康教育政策的实施、执行，一旦超过经济发展水平的预算、投入，就无法达到预期目标，甚至会阻碍教育的改革与发展。这就需要对心理健康教育政策所生存的经济环境进行必要分析。

一、大学生心理健康教育政策的经济环境

所谓经济环境是指对政策系统有重要影响的各种经济要素的总和，主要由社会生产力和社会关系的发展状况构成，包括生产力的结构、性质（科技发展、国民收入、资源分配等）和生产资料的所有制形式（个人所有、集体所有、国家所有等）。经济环境是人类社会生活中最基本的环境。政策系统不可能超越经济环境所提供的条件和要求。只有正确地认识经济环境，才能有效制定和执行公共政策。教育政策运行的经济环境是指一定社会中影响教育政策运行的物质资料生产、分配、交换和消费的情况，以及资源、人口、生产力发展水平、人们生活水平等。参考这一定义，研究者试着对大学生心理健康教育政策经济环境进行定义。笔者以为，大学生心理健康教育政策经济环境主要是指影响大学生心理健康教育政策实施的物质设施设备生产、分配、交换和消费的情况，以及资源、师资、专家、生产力发展水平、人们心理健康需求水平等。它主要包括了影响心理健康教育政策实施的经济发展水平与经费投入情况等。

党的十九大报告提出，党的十八大以来的五年，我国经济建设取得重大成就。发展理念、发展观念、发展方式、发展质量和发展效益都在不断提升。经济保持中高速增长，在世界主要国家中名列前茅。可以说，大学生心理健康教育政策实施、执行所处的经济发展水平是十分优越的。各级地方政府也非常重视，培育名师、设咨询室、开展活动，个体咨询与团体咨询结合开展，政府、社会与校园相向而行。教育部制定《中小学心理辅导室建设指南》就是重视心理健康教育的突出表现，为心理健康教育政策的执行提出了明确的物质要求。

二、需求经费投入：基于心理健康教育专业政策文本的分析

自 1999 年至 2015 年，主要有七个心理健康教育专业政策文本。就中小学生来说，开展心理健康教育、实施心理健康教育政策需要经济保障，无论是开展心理健康专业师资培训、课程研发、心理咨询室建设，都与这些政策所处的经济环境无法分割、不能分离。这七个心理健康教育专业政策文本关于经费投入的内容分别如下。

1999 年 8 月 13 日，由教育部颁布的《关于加强中小学心理健康教育的若干意见》要求，各级教育行政部门和学校要积极为心理健康教育创造必要的条件，大中城市具备条件的中学要逐步建立和完善心理咨询室（或心理辅导室）。除了教师辅导参考用书外，不要编印学生用教材，更不能要求学生统一购买教材。该文本要求大中城市具备条件的中学建立专业心理辅导部门，没有延伸到小学学段，没有从学生教材方面提出支持。这与当时的经济发展水平有着直接关系。

2002 年 8 月，教育部颁布的《中小学心理健康教育指导纲要》要求，要创设符合心理健康教育所要求的物质环境、人际环境、心理环境。统筹安排中小学专职心理辅导教

师专业技术职务评聘工作。根据学校实际可以聘请一定数量的兼职教师或心理咨询人员。大中城市具备条件的中小学校要逐步建立和完善心理咨询室（或心理辅导室），配备专职人员。严格遵循保密原则，谨慎使用心理测试量表或其他测试手段，不能强迫学生接受心理测试，禁止使用影响学生心理健康的仪器，如测谎仪、CT脑电仪等。该文本明确提出创设物质环境的要求，设立心理咨询室的要求从初中延伸到了小学，并对心理健康教育从业教师提出了评聘支持。

2008年7月23日，教育部下达的《关于地震灾区中小学开展心理辅导与心理健康教育的通知》要求，灾区各级教育行政机构要有部门负责这项工作，并提供人财物的保障。这一文件是在"5·12"汶川特大地震发生后，为了让灾区中小学生更好地应对灾难带来的心理应激创伤，度过心理志愿服务应急期后的中小学如期开学而出台的。其对"提供人财物的保障"的要求为地震灾区的学生特别是如期开学提供了必要支持。

2012年11月22日，教育部下达的《关于推荐首批全国中小学心理健康教育示范区的通知》在"经费保障"上要求，行政区域内政府、教育行政部门有专款支持学校开展心理健康教育工作。行政区域内90%以上学校设置了心理健康教育辅导室等专门场所。该文本对中小学生心理健康教育的经费保障提出了要求，虽然没有提出资金额度、占比、出处，但这是教育行政部门第一次明确提出经费保障的要求。

2012年12月7日，教育部出台的《中小学心理健康教育指导纲要（2012年修订）》要求，加快制度建设、课程建设、心理辅导室建设和师资队伍建设。谨慎使用心理测试量表或其他测试手段，不能强迫学生接受心理测试，禁止使用可能损害学生心理健康的仪器，要防止心理健康教育医学化的倾向。大力开展心理健康教育教师培训。加强心理健康教育材料的管理。这个《纲要》是对2002年8月的指导纲要时隔十年的修订，既是基于心理学、教育学等理论的不断发展，更是基于经济发展水平的变革。制度建设、课程建设、心理辅导室建设和师资队伍建设，以及心理测试量表、心理健康仪器研发，都离不开经济保障。这个文件把心理健康教育政策对经济基础、物质保障的要求渗透在了字里行间之中。

2014年3月14日，教育部下达了《关于实施中小学心理健康教育特色学校争创计划的通知》，对争创心理健康教育特色学校的单位提出了"条件保障"要求，具体是：配齐配好老师；加强培养培训；保障教师待遇；加强阵地建设；加大经费投入。这五个条件均是指向经费、资金的，尤其是"加大经费投入"明确规定，设立心理健康教育专项经费，纳入学校年度经费预算，原则上每年学生人均心理健康教育经费不低于10元，保证心理健康教育工作的正常开展，这是首次对心理健康教育经费定标准。

2015年7月29日，教育部出台的《中小学心理辅导室建设指南》中对"经费投入"要求：学校应设立心理健康教育专项经费，纳入年度经费预算，保证心理辅导室工作正常开展。心理辅导室应免费为本校师生、家长提供心理辅导。这个文件的指导意义、实践意义、规范意义远远大于象征意义、号召意义，即便没有对经费标准提出要求，也对心理辅导室建设的"基本设置"提出了具体要求,从基层学校、基层教师的角度来说,这比表面上强调加大心理健康教育经费投入更具实效、更有应用价值。

对这七个专业政策文本进行梳理,发现我国政府在不断调整对大学生心理健康教育工作的经费措施,以确保经费投入。由此可以看出,我国大学生心理健康教育经费的来源主要是由财政投入为主,社会投入较少参与。另外,除了特色学校争创计划中明确了经费保底额度、生均标准,其他的文本大都是通过对教师培训、仪器配备等方面实现经费投入,即使在心理辅导室建设指南中,也仅仅是提出要设立专项经费,都未明确提出经费额度、经费标准。这样一来,心理健康教育经费除了在要创建心理健康教育特色学校中才有凸显外,其他都没有明确的政策刚性要求,可操作、可调控的空间比较大,不利于心理健康教育工作的开展。

三、关于大学生心理健康教育经济环境的改进建议

第一,进一步明确大学生心理健康教育经费投入主体责任,建立合理的成本分担机制。综观各大学生心理健康教育专业政策文本,可以发现目前我国主要实行的是以政府财政为主体,学校、个人为辅的成本分担机制。但由于地区经济发展水平、经费投入主体重视程度、教师工资收入、素质教育政策执行力度等因素的不同,大学生心理健康教育政策的实施出现差别。建议根据地域的实际情况,制定富有弹性、科学合理的成本分担机制,鼓励吸纳各级各类社会单位、个人承担一定的心理健康教育成本。

第二,落实好大学生心理健康教育专项经费制度。建议在年度教育经费预算中,单独列出心理健康教育专项经费,遵循先有预算、后有支出的原则,严格执行预算,并确保专款专用,不得挪作他用。同时,对心理健康教育专项经费预算进行全过程动态监控,逐步建立健全预算绩效管理体系,增强心理健康教育经费预算执行的严肃性,提高心理健康教育经费预算执行的准确率。

第三,建立相应的监督机制,确保心理健康教育经费的每一分真正用到位。成立心理健康教育专项资金的监管机构,监督相关部门严格按照相关文件规定的比例与标准进行拨款。同时,协调审计部门或组织会计师事务所等第三方机构,对心理健康教育使用情况进行审计、监管,确保真正把心理健康教育经费的每一分钱都用在学生身心健康成长的刀刃上,切实提升心理健康教育的质量。

第六节　希望感研究下的大学生心理健康教育

近些年来,积极心理学的研究取得了新进展。希望感的研究属于积极心理学研究的一项重要内容,其对大学生的心理健康和学业成绩等都产生着积极、正向的影响。同时,

希望感的相关研究也为我国国内的大学生心理健康教育拓展了新的研究视点。本节主要围绕希望感研究下的大学生心理健康教育路径进行研究，先分析希望感的内涵及其对大学生心理健康的意义，然后阐释基于希望感指导下的大学生心理健康教育的具体路径。

希望属于一种积极的心理品质，尤其对处于心理发展关键期的大学生来说。希望感同大学生个体的学业、积极情感和健康等都存在着密切的关系。对希望感相关内容进行研究不仅有利于提升大学生的希望感的层次和水平，还能使希望理论的价值和意义得到有效拓展。

一、希望感的内涵及其对大学生心理健康的意义

希望感的内涵分析。希望属于一种情感表现形式，同时还可将其看作健康认知发展的一大关键因素。通常意义上，我们可对希望进行如下界定，即在达成某一强烈愿望过程中的一种具有持续性特点的信念，希望允许个体保持并践行着朝向目标的行为。希望感属于人类的一种积极力量，其是积极心理学的重要构成和研究对象。

希望感对大学生心理健康的意义。作为一种积极、正向的力量，希望感能够对个体的心理健康起到很好的保护作用，同时还能帮助个体应对各种焦虑、压力等消极情绪。无论是成年个体还是大学生，其在工作、生活还是在学业上都在所难免地遇到一些不顺心的事情，有时甚至会陷入情绪的低谷。对于大学生而言，适当的希望感水平通常能够更好地帮助个体以更好的心态进行心理适应性调整。这不仅能够促使其应对挫折的能力得到有效提升，而且能够让大学生在遭遇挫折后依然能认可自己，并且不丧失对未来的信心。同时，希望感还能适当地提升大学生的自我认可水平和自尊水平。由此可见，基于希望感的研究不仅有利于帮助大学生更好地应对消极情绪和各种压力，还对提升大学生的心理健康水平大有帮助。

二、基于希望感指导下的大学生心理健康教育的具体路径

培养大学生良好的心理素质。每一个大学生个体心理品质的塑造通常都同家庭教育存在着密切的关系。因而，作为大学生家长，应发挥好言传身教的示范性作用，从小起密切重视大学生的自尊自信品质的培养。同时，家长还应时刻关注大学生的情绪方面的发展变化。例如，很多大学生在青春期频频出现焦虑抑郁情绪。也就是说，不能单纯地从衣食住行这些最基本的物质层面给其以关注，尤为关键的，应关注好大学生情绪方面的问题，绝对不能持以听之任之、顺其自然的态度。作为教育工作者，也不能仅仅关注大学生的学习成绩，还应将聚焦点放在日常对大学生优秀心理品质的培养方面，绝对不能在大学生出现心理问题之后才加以干预。

建立大学生个人的积极心理成长档案，强化正能量教育。根据希望理论观点，个体的动力思维和路径思维在其童年时期就已经基本形成，然后，又会在后期受到一些突发

事件、情感等因素的影响。那么，要想更好地对大学生开展心理健康教育，首先就要对其心理健康的状况有更充分、深入的了解和认识。只有这样，才能使所开展的行动更具效果。建立大学生个人的积极心理成长档案就是对大学生个体的心理健康状况进行系统把握的一种非常有效的途径。在2008年，中央教育科学研究所的孟万金教授就明确指出，每个个体都有积极的心理潜能和自我向上的成长能力，相应地，加强对大学生积极心理品质、积极情绪体验以及积极心态调整的挖掘并重视开发大学生的积极心理潜能有着极为关键的作用和意义。由此可见，进行积极心理研究的必要性已经得到了广泛的认可。但是，就目前来看，基于积极品质内容的个人心理档案的研究并没有受到充分的重视。尽管一些学者极力倡导采用建立个人心理档案这一策略来促进大学生的心理健康教育，但是依然需要密切关注的是，以往关于个人心理档案的研究大多都是将心理问题作为记录重点的，却在无形中对积极心理的记录有所忽略，并且，这些记录大多都是具有普适性的，有的并没有将大学生当作重点研究对象。那么，在建立心理成长档案时，应建立以培养大学生希望品质为导向的积极心理档案。具体进行操作的过程中，可采取对每个大学生个体初期固有心理特质进行记录的方式，有选择性地记录一些积极的心理案例和产生希望信念之类的事件，然后，在后期的各个不同年级段、各不同教师的参与下对希望心理档案进行及时补充，在此过程中，还应结合档案信息，有效引导并激发大学生的积极心理品质，使其能够在一种积极向上、正向鼓励的健康环境下快乐地成长。

综上，基于希望感的大学生心理健康教育属于一种具有前瞻性的心理健康教育视点，其对大学生的成长教育有着关键意义。但就目前来看，大学生希望感的研究有的仅停留在描述层面，缺失深入的实证考察及实际应用性的研究，针对这些现状，都有待于进一步深入和加强应用研究，并探索灵活多样的教育策略进行丰富和完善。如此才能切实提升大学生的希望感水平，逐步强化大学生的心理健康教育。

第七节　家庭教育对大学生心理健康的影响

父母是孩子的第一任老师，因此父母的教育对孩子的成长及发展具有重要的影响。在家庭教育中，家庭教育的方式对孩子的心理健康有着极为重要的影响，良好的家庭教育方式可以促进孩子心理朝着健康、积极的一方面发展。家庭是孩子的第一所学校，其中，父母扮演着重要的角色，因此父母的教育方式对大学生的人格发展具有很大的辅助作用。本节主要分析现代社会角度下，家庭教育方式对大学生心理健康发展的影响，并且分析中国式文化影响下的家庭教育对大学生心理发展的影响，进而提出相应的针对性建议，希望通过本节的论述，可以为父母在家庭教育方面提供一定参考。

大学生群体的健康成长关系着整个社会的发展，并且随着年龄的成长，大学生群体也将成为支撑社会发展的一代群体，而大学生在青春期的心理敏感度较高，并且由于大学生处于人格塑造的时期，其心理变化更加复杂多变。在大学生成长的过程中，父母是督促大学生朝着健康方向发展的监督者，其教育方式和教育质量直接关系到大学生未来的心理成熟度。随着社会的发展，人们的心理健康受到越来越多的影响，并且在大学生成长的过程中，部分家长忙于工作，忽略了对孩子的陪伴和教育，使得大学生出现心理上的不健康，因此，良好的家庭教育对大学生的发展和成长具有重要意义，当前普遍存在的家庭教育问题也亟须解决。

一、大学生心理健康发展现状

大学生正处于青春期，属于叛逆时期，因此父母更应该多倾听孩子的心声，在乎孩子的举动，关注孩子的心理健康发展。从大数据调查结果来看，部分大城市里的大学生具有较为严重的心理问题，并且具有心理问题的大学生占到全体大学生的30%以上，数据分析结果显示，在初中和高中阶段，随着年龄的增加，出现心理问题的大学生比例也在不断增加。中国科学院心理研究所的王极盛先生的调查显示，在一次针对7562名中学生的心理调查中，有高达32%的学生存在不同程度的心理问题，并且随着年龄的增加，学生的学习强度和父母期望值也在不断上升，而本身的心理需求又得不到满足，因此更容易产生心理问题。此外，这一部分存在心理问题的学生中，女生的心理问题比男生的心理问题更为严重。另一项分析结果显示，在存在心理问题的中学生中，30%左右的大学生的心理问题来源于学习方面，40%左右的大学生的心理问题来源于人际关系方面，另外30%的大学生的心理问题则来源于其他各方面。因此，从我国大学生心理健康发展现状来看，我国大学生的心理健康现状不容乐观，并且这些心理问题对大学生的成长有着不同程度的负面作用，阻碍了大学生学习和生活的正常节奏，甚至可能导致部分大学生出现偏激行为，进而引发社会问题。

总而言之，大学生的心理健康发展对大学生的身心成长具有重要影响，而在大学生心理健康发展的过程中，能够对大学生心理健康产生直接影响的就是家庭教育，并且家庭教育能够跟社会教育和学校教育产生密切联系，因此如果能够在大学生心理健康发展的过程中采取有效措施来改善家庭教育方式、提高家庭教育质量，可以促进大学生在德育、智育以及体育方面的全面发展，并且有效减少社会问题的发生。

二、不良家庭教育方式对大学生心理健康的影响

从家庭教育的角度来看，由于父母教育方式的不同，大学生也会产生不同的心理反应。一般来说，良好的、民主的教育方式会对大学生产生积极的促进作用，而压迫性质的教育方式则会进一步激发大学生的逆反心理，并且对大学生的心理健康发展起到消极作用。因此本节重点分析不同的家庭教育方式对大学生心理健康产生的不同影响。

专制型教育方式对大学生心理健康的影响。顾名思义，专制型教育方式就是父母作

为"皇帝"和"皇后",而孩子作为唯一的"太子"却没有任何的选择权,父母居于高位,而孩子只能被动地接受父母的命令,父母并不重视与孩子的精神交流和精神沟通,也不去主动了解大学生的心理世界,并且采用此类教育方式的父母善用武力,一旦孩子出现任何不合父母意愿的行为,就会采取武力对待孩子,忽略了孩子的人格、心理和自尊。在这种家庭教育模式下,孩子性格内向、不善于向他人表达,并且长期封闭自己,容易产生抑郁症。此外,在专制型教育模式下成长的孩子,由于在童年时期受到父母的鞭笞,更容易形成逆来顺受的性格,即使在成年以后也会产生一定的体现。例如部分孩子在成年之后会产生斯德哥尔摩综合征,容易受到他人迫害并且会自主地维护加害者。在专制型的家庭教育模式下,部分逆反心理较强的大学生会采取各种方式来对抗父母的体罚,从而更加容易受到社会不良分子的影响而误入歧途,最终离家出走、流浪社会,甚至走上违法犯罪的道路。

总之,在专制型家庭教育方式下成长的孩子会出现两种极端,其中一种就是逆来顺受、极度自卑、懦弱、无所事事甚至患上斯德哥尔摩综合征,而另一种则是极端反抗、不受控制、行为偏激、心理扭曲乃至走上违法犯罪的道路。然而,需要注意的一点是,人作为个体具有异质性,因此,极少数的大学生在专制型家庭教育方式之下养成了极度自律的生活习惯和学习习惯,并且具有极高的抗压能力,能够笑对学习、生活中遇到的各种问题,并且采取有效措施加以解决。

溺爱型家庭教育方式对大学生心理健康的影响。上文说了专制型家庭教育方式的影响,专制型教育模式会对大部分大学生的心理健康造成摧毁,而溺爱型家庭教育方式也会对大学生的心理健康产生较大的不良影响,溺爱的教育方式带来的不良影响远高于专制型教育方式带来的不良影响。在实际的家庭教育中,部分父母认为孩子是家庭的唯一希望,因此出于对孩子的疼爱,对孩子的要求百般答应,甚至认为自己的孩子就应该享受到最好的事物,殊不知忽略了孩子的独立意识的养成。此外,溺爱型家庭教育方式在教育的过程中忽略了对孩子吃苦意识、动手能力以及竞争意识的培养,随着孩子年龄的增长,所面临的竞争也越来越大,因此这类孩子在面临激烈的社会竞争的时候往往会选择逃避,并且在生存方面的能力并不出众。长期的溺爱型家庭教育方式会使得孩子只知道接受爱而不会付出爱,并且只知道让家长为自己服务,而不会懂得孝顺家长,并没有让大学生养成责任意识。此外,在溺爱型家庭教育模式下成长的孩子会在需求得不到满足的时候采取一些不道德的途径来获取自己所需要的东西。

总而言之,在溺爱型家庭教育方式下成长的孩子容易表现出幼稚、依赖、自私、任性、懦弱的行为特征,并且容易受到他人的指责,失去正常的个性,在溺爱型家庭教育模式下成长的孩子需要更多的指点以及教训,并且由于长期处于溺爱的教育模式下,缺少开拓精神和锐意进取的探索改革精神,其智力发展也受到一定影响,学不会承担社会责任,善于逃避。

保护型家庭教育方式对大学生心理健康的影响。保护型家庭教育方式具有较为明显的双面性，其有利的一面可以帮助孩子养成关心他人、体贴他人的意识，并且能够让孩子感受到爱的乐趣，能够有效降低大学生的攻击性，因此可以避免孩子误入歧途，从而帮助孩子健康成长。然而，保护型家庭教育模式也带来了一些不良影响，主要表现为大学生的自我保护意识不强，并且由于长期处于父母的保护之下，孩子的自我判断能力容易出现偏差，极其容易受到父母的影响，例如"妈宝男"就是最为明显的例子之一。此外，保护型家庭教育模式下成长的孩子普遍缺乏竞争意识和进取精神，并且生活欲望较低，缺乏对社会行为的辨别能力，即使发生意外事件也无法对意外事件做出及时的反应，对紧急事件的应变能力较低。此外，在保护型家庭教育模式下成长的孩子过分依赖家长，缺乏足够的生活自理能力，甚至出现剥鸡蛋都不会的个例。

总的来说，在保护型家庭教育模式下成长的孩子更加容易爱别人并且更加容易接受别人的爱，并且不容易受到不良分子的影响，但是在此类家庭教育模式下成长的孩子缺乏主见，容易受到父母的影响，并且性格脆弱、依赖性较强，容易受到较强的挫折，缺少足够的社会适应能力，缺乏创造力和想象力。

放任型家庭教育模式对大学生心理健康的影响。放任型家庭教育模式是当今社会中较为常见的一种教育模式，其中，留守儿童就属于放任型家庭教育模式的一种，由于长期远离父母，而祖父祖母的威慑力不足，因此孩子更加容易受到不良影响，从而走上邪路。一般而言，采用放任型家庭教育模式的父母认为孩子的成长是学校和教师的事情，自己只需要管好孩子的衣食住行就可以了，但是忽略了孩子心理的健康发展。此外，部分家长打着放养的旗号，实际上采用放任的教育措施，总是要求孩子自己养成规律的学习习惯和生活习惯，自己却不管不顾，影响孩子的正常发展。

一般来说，放任型家庭教育模式下成长的孩子普遍早熟，但是容易产生不安全感，对陌生人过于冷淡，并且在为人处世方面容易钻牛角尖，缺乏理想和追求，容易受到不良影响而误入歧途。在放任型家庭教育模式下成长的孩子也有个别例外现象，例如部分留守儿童成熟较早，并且学会承担孝顺长辈的责任，聪明能干、乖巧懂事。

三、不良家庭教育模式的成因

本段主要分析三四种不良家庭教育模式的成因，从文化、心理以及家庭关系角度进行逐一分析。

导致专制型家庭教育模式产生的主要原因还是一些不良传统文化在作祟，一些父母受"棍棒底下出孝子""父为子纲"等封建传统观念的影响，对自己的孩子进行打压式教育，使得孩子养成极端、扭曲的性格，此外，部分家长认为高压的教育模式更能磨炼孩子的毅力，却忽略了孩子的承受能力，导致孩子受不了父母的压迫而产生更强的逆反心理。

溺爱型家庭教育模式的成因主要是部分父母觉得应该把最好的给孩子，这一点固然没错，但是只给了孩子优厚的生活条件，而没有让孩子经历挫折，甚至部分家长帮助孩子完成家庭作业,使得孩子一遇到挫折就会求助于他人,丧失面对挫折的勇气。除此之外,部分祖辈的家长存在"隔代亲"的观念,更加溺爱自己的孙子孙女,导致孙子孙女在这种高压模式下无法有效养成独立、自主的性格。与溺爱型家庭教育模式类似的是保护型家庭教育模式,这种模式下的家长只让自己的孩子接触世界上的美好事物,甚至一些违法犯罪的新闻案件都不让孩子接触,导致孩子只是生活在童话世界里,而无法辨别现实世界里的各种事物,导致孩子养成不健康的心理模式。

在放任型家庭教育模式下,家长往往忙于工作、经商或者娱乐,认为只需要给孩子优渥的物质条件就可以,但是忽略了孩子精神上的需求,因此容易导致孩子在心理发展的过程中出现问题,并且,放任型家庭教育模式下的家长容易推卸教育责任,导致孩子也会推脱责任,并不利于孩子养成健康的人格。

四、培养良好家庭教育模式的措施

为了使得家庭教育模式更加符合大学生的心理成长特点,本节对此进行深入分析,从实际的教育现状出发,以合理期望、全面发展以及家庭氛围为出发点探讨如何创造良好的家庭氛围,从而构建良好的家庭教育模式,进而引导大学生心理健康成长。

调整父母期望。当今的父母多为"80后""90后",这一代父母已经不再抱有"多子多福"的生育观念,而是更加追求子女的质量,这属于积极转变,但是在这一观念转变的过程中,也出现了一些问题,现代父母普遍望子成龙、望女成凤,因此在孩子成长的过程中,给孩子报各种辅导机构或者兴趣班,因此无形之中加大孩子的压力,并且造成了孩子的心理障碍。因此,在教育孩子的过程中,应该适当调整父母期望,避免给孩子造成过大的心理压力。在这一过程中,家长应该从子女的实际出发,针对自己子女的实际情况采取相应的培养措施,绝不能照搬别人家长的教育模式,一定要根据子女的实际情况采取相应的措施,做到量力而行、循序渐进,以子女的发展意愿为依据,帮助孩子养成健康人格。

做到言传身教。父母是孩子的第一任教师,但是大多数父母在教育孩子的过程中仅仅做到了口头教育。例如,一些父母教育孩子遵守规则,但是自身在过马路的时候不走斑马线,无形之中就给孩子造成了一定程度上的不良影响。此外,家庭教育是孩子成长的基础,但是父母本身就没有做好作为父母的榜样,导致孩子跟着自身一起堕落。家长在教育孩子的过程中需要尽量做到言传身教,从而起到良好的教育作用。例如,让孩子认真学习,自己就可以去阅读报纸或者读书,从而给孩子树立一个学习的氛围和学习的榜样。

本节首先阐述了大学生心理健康发展的现状,进而对四种不良的家庭教育模式及其影响进行了简述,分析了四种不良家庭教育模式产生的原因和影响因素,最后提出了相应的建议,分别是调整父母期望和言传身教,希望通过本节的论述,可以为新生代父母提供一定的教育参考。

第八节　基于素质教育的大学生心理健康教育

心理健康教育是素质教育的重要内容之一，有助于大学生人格发展与健康成才。本节以素质教育维度，针对大学生心理健康教育问题进行探讨，以期为提升大学生心理健康教育实效建言。

大学生正处于青春期，此时期正是大学生形成正确人生观、价值观、世界观，以及培养良好道德品质、提高综合素质的关键时期，必须在教育实践中，加强心理健康教育。《国家中长期教育改革和发展规划纲要(2010—2020)》也强调，要全面提升学生综合素质，建立学生发展指导制度，加强对学生的理想、学业、心理和生涯等多方面指导。鉴于此，基于素质教育观念，研究大学生心理健康教育问题，从大学生实际心理素质状况出发，探寻大学生心理健康教育有效策略，将具有重要的理论与现实意义。

一、大学生心理健康教育概述

世界卫生组织(World Health Organization，WHO)指出，健康是生理、心理和社会幸福感的综合状态，而不仅仅是没有疾病。心理健康是包括主观幸福感、自我效能感、自主、能力、智力、情绪等在内，各心理机能作为整体的良好状态(WHO, 2001)。2012年，教育部修订了《中小学心理健康教育指导纲要》，提出心理健康教育的重点是认识自我、学会学习、人际交往、情绪调适、升学择业以及生活和社会适应。因此，本节认为：大学生心理健康教育是指通过教育，使大学生热爱学习，并掌握学习方法，能在学习中获得成就感；对自我有恰当的认识和评价；有良好的人际关系，能够处理同伴关系、亲子关系、师生关系、异性关系；遵守社会规范，有良好的自理能力和生活习惯，能够适应社会生活；有情绪控制和情绪调节能力；能够探索自己的职业兴趣，对未来职业有所规划。

大学生心理健康教育对大学生的成长与发展具有十分重要的意义。首先，心理健康教育会影响大学生思想与品德方面的形成与发展，有利于大学生形成正确的价值观、人生观。其次，心理健康教育能够帮助大学生实现人格的健全与完善，促进大学生健康水平的提高。最后，心理健康教育能够开发大学生的心智潜能，通过情绪、心态、信念等方面的心理教育，充分开发大学生的心智潜能，促进大学生心理的健康发展。

二、当前大学生心理健康教育中存在的问题

第一，学业适应问题，由于课业负担过重与升学竞争过强，很多大学生难以适应学业的开展，出现考试焦虑情绪、厌学情绪、抗挫折能力差等方面的心理问题；第二，人

际交往萎缩问题，现在的大学生基本为独生子女，他们从小娇生惯养，形成自我中心的孤僻性格，很难融入人际交往的过程之中；第三，情绪情感问题，这种心理问题的内在表征为恐惧，如心理症状的恐惧、社会评价的恐惧等，容易使大学生产生焦虑、敏感的情绪；第四，社会适应问题，大学生由于个性发展的不成熟与不完善，存在薄弱的意志力、较差的承受力、不稳定的情绪等各种个性发展问题，这使得大学生很难适应社会的发展；第五，性心理和网络心理问题。在网络发达的今天，越来越多的大学生沉迷于互联网、网络游戏、电子产品等，严重影响了他们正常的学习生活，对大学生的心理健康造成了严重的影响，甚至诱使其走上犯罪之路。

三、提高大学生心理健康教育水平的有效策略

加强学校心理健康服务体系建设。学校心理服务对象是全体学生，提高全体学生的心理健康素质，以预防和促进发展为导向。心理健康服务需要以学生自身心理发展特点为基础，以学生的成长需要为出发点，提供适合学生发展需要的心理健康教育。第一，开设专门的心理健康教育课程，这是大学生心理健康教育的直接途径。建设丰富多元的心理健康教育课程，探索心理健康教育的长效机制。根据高中阶段学生思维发展达到辩证性思维水平且具有一定反思能力的特点，可以通过心理健康必修课、选修课和专题讲座，以及以体验和调适为主的心理健康辅导活动等多种形式，把课程和活动作为载体，进一步培养其自我反省能力，养成健康的自我反省方式，引导大学生客观地认识自我，调节情绪，适应学习生活和社会生活。第二，加强学校心理辅导室建设，开展心理辅导与心理咨询。学校心理辅导室以培养全面发展的人为目标，开展个体与团体心理辅导、心理咨询工作。对学生心理疾病进行诊断和咨询，挖掘学生的自身潜能，促进学生自我成长。另外，学校心理辅导室是学校心理健康教育的枢纽，以学生为服务对象，联结了学校、教师、家长，传播心理健康教育理念，为学生提供健康成长环境，实现家庭学校整合功能。

构建科学的大学生心理健康素质指标体系。我国以往使用的心理健康评价工具，主要以修订和借鉴国外测评量表为主，建立以我国大学生心理发展为基准，符合我国国情的心理健康指标体系和测评工具。可从积极心理学的视角，以面向全体学生为目标，探索大学生心理健康指标体系。例如，设置6个一级指标，涵盖学习、自我、人际关系、社会适应、情绪调节和职业选择。在6个一级指标下，设18个二级指标。其中学习包括满足感、学习兴趣和专注力3个二级指标；自我分量表包括家庭自我和自我评价2个二级指标；人际关系分量表包括认同感、信任感、异性交往焦虑和异性沟通4个二级指标；社会适应包括社会规范、亲社会行为、自理能力和生活习惯4个二级指标；情绪调节包括情绪反思和情绪控制两个二级指标；职业选择包括职业信息搜索、职业兴趣探索和职业实践探索3个二级指标。最后形成由87个项目组成的两

级指标体系。

构建先进的教师心理健康教育观念。教师是大学生心理健康教育的主体之一，教师心理健康教育观念的构建，是有效开展大学生心理健康教育的前提与基础。一方面，学校可以通过培训、讲座等多种活动类型来提高教师的心理健康观念，引导教师深入地认识到心理健康对大学生心灵成长的重要性；另一方面，倡导教师"心理保健师"的新型身份，即教师要时刻关注大学生的心理发展状况，及时发现大学生出现的心理问题，采取有效地针对性措施解决大学生的心理问题。

综上所述，大学时期正是人生观、世界观和价值观的形成阶段，身体机能和心理快速发展，具有很强的可塑性。为全面提高大学生的综合素质，必须加强心理健康教育，引导学生形成健康的心理，从而为国家和社会培养出具有社会生活适应能力、创造能力和幸福感的大学生。

第六章 大学生积极心理学教育

第一节 积极心理学与大学生心理健康教育

积极心理学是心理学领域发展的重要突破，它强调了人类积极性格的塑造和作用，主张普通人建立积极的心态，以促进个人的进步和发展，为社会和谐发展做出贡献。积极心理学从研究原则上重视人的积极品质，避免了心理研究总是趋于负面问题讨论的传统思路，使心理研究能够为普通人的积极健康和生活服务。因此在大学心理健康教育中，积极心理学显示出其独特的优势和特点。

一、积极心理学在大学生心健康教育中推广的意义

在当前的大学心理健康教育中，仍然以传统的心理疾病预防和矫正为主要的教学目的。这一方面造成学生对心理健康教育形成抵触情绪，另一方面也不利于心理健康教育的广泛开展。而积极心理学对普通学生有着一定的教育和宣传价值，对促进全体学生积极健康心理的培养具有重要意义。

（1）积极心理学为大学心理健康教育重新设定了目标。普通个体在学习和生活中，即使心理健康上没有出现明显的问题，但是其他方面的原因可能导致学生的意志和心理长期消沉，对其学习和发展造成不利的影响。传统的心理教育没有对相关的问题进行充分的重视和研究，导致大学心理健康教育存在不合理的问题。对此积极心理学主张对普通人应建立积极预防的心理健康教育体系，促使学生能够在正常生活中感受自身的价值，促进学生积极心理的培养，使学生能够主动挖掘自身的闪光点和潜力，促进学生综合素质的提高和发展。

（2）积极心理学充实了高校心理教育的内容。在传统的大学心理及健康教育中，学校和教师关注的重点都是心理可能存在异常的学生，导致学校的心理健康教育无法对其他多数学生造成约束和影响。积极心理学增加了心理健康教育的目标和途径，促使学校的心理健康教育关注的学生群体更加多样和全面，促进所有学生积极心理和健康生活方式的养成，为学校的心理教育拓展了教学目标和教学内容，使高校的心理健康教育能够更有效地施行。

(3)积极心理学是大学心理健康教育的创新。在传统的心理健康评价体系中，往往注重对学生负面情绪和心理的排查和调节工作，导致学生可能受到教学内容长期的暗示和影响，在心理上出现波动和变化。积极心理学创新性地提出为全体学生树立积极的心理观念，促使学生接触到的心理教育内容更加多元，有效克服负面情绪，使自身的心理健康状态得到提升。

二、积极心理学在大学心理健康教育中的应用策略

（1）增加学生在积极心理上的体验。人的心理容易受周围环境和其他人的、自身行为的影响而产生微妙的变化。对此，在大学心理健康教育中，教师应该充分运用心理暗示这一特点，增加学生的积极心理体验，以促进学生在心理上保持积极主动。例如在课堂教学中，教师要多举一些积极的生活实例，保持课堂氛围的轻松愉快，促进师生之间的平等和尊重等，使学生能够获得轻松愉快的学习体验，并为学生的积极学习和生活提供动力和帮助。除了心理和行为上的暗示，教师还应该教会学生有效克服心理消沉的方法，消除学生内心的焦虑，减轻学生的心理压力，促使学生以积极的方式调节自身的负面情绪。

（2）通过高校环境对学生的心理状态进行调节和暗示。学生的心理状态和周遭的生活大环境有着密切的联系，因此学校和教师应该注意对教学环境的构建，促使学生在大环境中保持积极进取的态度。此外，学生较高的环境适应性也是其心理调节能力的重要体现，对此学校要对刚入校的学生给予特别的关注和引导，促进新生养成积极的学习和生活心态，为学生在学校的长期积极发展奠定基础。在高校生活中，集体主义文化是学生必须面对的问题，一些学生乐于在集体活动中找到自身的价值和定位，从而保持积极的心理状态。部分学生则可能对集体活动抱有抵触情绪，在活动中感到不自然，使自身的学习和生活更加焦虑。对此学校和教师应该谨慎制订集体活动计划，使不同的学生能够在活动中找准自身的定位，在校园活动中保持积极的心态。为了提升大学环境对学生心理的暗示和影响力，学校和教师可以从以下几方面进行参考。例如，通过营造积极的校园文化对学生的心理进行影响，促使学生不断正视自身的状态，控制和培养自身的情绪。其还可以促进学生和校园、社会、家庭等多元环境保持密切的联系，使学生能够在不同的环境中实现对自身情绪的及时改变和调节，使学生的学习压力和焦虑得到及时的宣泄，提升学生积极的情感体验和自控能力。

积极心理学对大学生心理健康教育有着重要的影响，一方面其改变了传统的教学思路，另一方面也改变了教学的具体内容和目的。对此学校和教师应该对大学心理健康教育进行更详细的研究，促进相关教学质量和效率的提升，促进学生健康心理的培养和发展。

第二节　大学生心理品质培养体系的构建

积极心理学作为心理学科的分支，主要从积极的角度来深入探究人们的心理健康情况，当前已经成为心理学主要的发展趋势。从积极心理学的角度出发，如何研究大学生群体的心理健康情况也有了新的方向，将传统模式中针对大学生心理问题实施的主动干预逐步调整为通过积极心理疏导的模式。本节就基于当前积极心理学的发展情况，深入探究大学生群体的心理健康情况，提出构建大学生积极心理的培养方案。

随着教育水平的不断提高，越来越多的高校将目光转移到学生的心理教育之上。如何有效地引导大学生构建起积极的心理体系，不管是对高校培育高素质人才，还是对学生自身的心理发展甚至是社会的进一步前行都具有实际意义。积极的心理素质能够经由后天培养而来，经过不断的训练可以让大学生逐步构建起积极的情绪管理体系、认知评定体系以及积极的行为管控体系。将积极心理学有关的理论知识添加到高校大学生心理教育之中，能够突破原有的心理教育模式，解决消极干预的问题，确保大学生能够培养起优秀的心理素质体系，真正达成大学生心理教育的目标。

一、积极心理学的基本内容

（一）研究积极情绪

积极心理学主要研究积极的心理情绪在人们日常生活中发挥的效用。从积极心理学角度来说，消极的心理态度可以看作人们面对外界危险构建起的第一道警戒线，其会将人们带入战斗状态，由此来打破或远离危机。反观积极的心理态度，则会拓展人们的眼界，提高自身对外界的包容程度以及自身的创造水平，能够让人们拥有更加健康的体魄，获取更加优质的人际交流。例如兴趣的产生会引发探索全新信息的动力，同时也会让人们产生向前发展的期望；满意的产生会让人们认可当前的生活环境，同时还会将此环境同自身和社会中的全新论点进行有机融合；自豪的产生会让人们渴望将此情绪同他人分享并期望在未来谋求更大的成功；爱的产生会让人们出现同爱的对象一起生活并探索全新世界的想法。

（二）研究积极人格特质

积极的人格特质作为积极心理学中最为基础的部分。在积极心理学之中，主要探究了多达 24 种积极的人格特质，其中涵盖有乐观、自信、成熟的防御体系等。最为核心的特质有勇敢、仁爱、智慧、正义、节制以及精神卓越等。在积极心理学当中，将幸福的产生归结为人们可以找寻出自身的优点和积极的人格特质，同时还可以在日常生活中展现出来。

（三）研究积极组织系统

积极心理学之中也将主要的研究方向集中在社会文化背景方面，认为社会文化背景同心理素质、人格特质、创造水平、情感态度以及心理治疗有着密切关系。一个积极的组织体系包含有积极的子系统。其中积极的小系统涵盖着稳定的社区关系、高度负责的社交媒体、良好的家庭环境以及教育水平较高的学校；而积极的大系统则包含有民众具有的责任意识、道德水平等。积极心理学当中还探究了产生天才的外部条件、创造水平发展同人们幸福生活指数的关系。

二、构建大学生积极心理品质培养体系

（一）培养学生积极的情绪体验

积极心理学当中一个主要的研究方向便是积极的情绪体验，主要将能够引发个体出现接近性行为或者行为趋势的情绪都划归为积极情绪，表现为个体对过去回忆的满足并幸福地享受现在，同时对未来具有乐观期望的心理状态。（1）培养大学生群体的主观幸福感，哈佛大学的导师沙哈尔就提出幸福的产生应当是快乐同意义的深度融合。使得学生可以在日常活动中找寻幸福、享受幸福、分享幸福，最为核心的便是在普通生活中挖掘出生活的意义。（2）强化大学生对自身情感态度的调节水平。著名的心理学者Gross在发表的情绪调节理论中就着重强调了外部环境对个体心理产生的影响，同时也对环境选择、情境调整给出指导方案。因此大学生应当主动去搭建起能够引起积极情绪的外部环境。（3）认知作为个体情绪体验中相当关键的要素，差异化的个体在应对相同的环境刺激时，即使认知能力相同也会出现不一样的情绪体验。

（二）培养学生积极的人格特质

积极心理学的目标主要是探究并培养个体的人格特质和积极的心理素质。（1）训练学生构建起积极的思维方式，树立积极的心理品质。将积极心理特质的养成提高到比消极心理特质在应对困难时更加核心的位置，整体来看属于一种逆向思考的模式。从相互的讨论交流中培育起积极向上的思维模式，潜移默化地让学生将优秀的人格特质划入自身心理体系之中。（2）从三观等方面专门培育学生积极的心理特质，例如在培养积极的价值观时，学校可以组织相关的性格活动，清晰地将性格特质进行分类并确定相应的性格词语，将其制作成海报张贴在校园之中。此外还应当按时在校园通信网络中讲解性格词语和对应的意义。教师和学生针对这些性格特质和实际应用进行探讨。（3）将"爱"作为起始点，培养并提升学生积极的心理素质，强化实践能力。可以利用感谢信或者爱心救援等活动来让学生树立积极的心理特质。

（三）构建积极的心理健康组织系统

积极的社会组织也是积极心理学中较为重要的一环，它不单单是培养人格特质的基

础,还是个体出现积极体验的本源所在。积极的社会组织涵盖有国家、企业、家庭以及学校等诸多方面,其在学校中主要发挥的作用为构建优质的教学氛围。根据有关研究结果可以发现:大学生获取认可和支持最多的渠道是来源于家人和朋友,而教师的认可普遍较少。积极心理学当中主要提出搭建积极的外部环境以及积极的组织体系,不仅包含有积极的个人环境,还有积极的组织体系等,一个稳定的组织系统也是大学生心理能否健康发展的关键所在。(1)构建起学生发展的积极环境,将个体、家庭、校园以及社会有效结合起来,构成多维的互动模式。(2)制定出从家庭到校园再到社会组织的学生培养方案,主要包括个体情感、内心独白、爱心互助以及成果分享等,并让学生同家人和老师进行良好沟通。(3)真正将学生互助组织的效用发挥出来,架构出班级—班委—宿舍—同乡等学生关系结构。(4)对于支持体系来说,最为核心的是校园心理咨询组织,其应当有效完成学生的心理引导并给予相应的咨询服务,确保学生可以获取高质量的心理辅导。

(四)积极的心理干预策略

积极心理学还主张搭建起行之有效的心理治疗方案,将积极心理学的核心理论作为基础,构建起具体的心理治疗方案,强调心理治疗过程中个体应当将注意力投入在养成积极心理特质方面,主要是让患者通过强化自身的积极心理素质来突破心理疾病的束缚,或者防止心理问题的发生。(1)在校园中建立危险防范体制,将班级中班委、舍长以及党员群体作为核心,构建起心理危机的报警体系,利用积极心理学中的基本理论,将学生朋好友的作用发挥出来,尤其是在心理危机警示方面发挥应有效果,主动关注个体的心理情况。(2)通过积极心理治疗的方案来完成心理咨询,比如让个体尽可能享受美好的一天、完成数祝福训练以及完成好事等活动。上述练习均需要个体深入思考并分析自身出现幸福情绪的事项,提升个体在面对积极事情的认知水平。(3)完成心理弹性的干预方案,其主要是建立在积极心理学之上,强化学生的心理弹性。它可以有效调整学生的认知思维,并降低个体出现心理问题的概率。(4)发挥积极心理学辅导人员的作用,通过团队在情境之中的引领并辅助个体获取更加深入的心理体验。

综上所述,积极心理学作为心理学研究的新方向,它的工作目标体现了社会意义上的博爱和人性,是与人类发展的目标相一致的。我们深信,积极心理学理念指导下的大学生心理健康教育,将会极大提高大学生的心理健康水平,使他们过上更丰富、更有意义的生活。

第三节 大学生心理危机干预策略探究

以某高校心理普查中低年级到高年级大学生心理危机比例大幅提升的事实,反思当前大学生心理危机干预的问题与困境，从自身、家庭、学校和社会等层面全面、客观地分析大学生心理危机问题的成因，力图构建基于积极心理学的大学生心理危机干预机制，为有效防止大学生极端心理危机事件的发生提供了创新思路。

随着社会的高速发展与进步，大学生心理问题呈快速增长趋势，各高校根据情况开展相应工作并建立多级防御机制，但实际效果并不理想。如何走出大学生心理危机的困境，基于积极心理的视角构建以培养积极心理品质为核心的心理危机防御机制能够有效推动培养大学生健康人格特质的教育进程，切实提高大学生应对心理危机的能力，有效防止大学生极端心理危机事件的发生。

一、大学生心理危机的现状及问题

心理危机是指个体在遇到突发事件或面临重大挫折和困难，当事人自己既不能回避又无法用自己的资源和应激方式来解决时所出现的心理反应。针对个体在危机状态出现的一系列负面情绪、生理、认知和行为反应，目前各高校按教育部要求成立专门的心理健康教育机构，配备专、兼职心理健康教师，对心理危机对象力图实现早发现、早干预的工作机制，但在实际操作过程中依然面临着许多困难和挑战。

（一）大学生心理危机现状调查情况

笔者使用SCL-90自评量表对某高校5295名大学生进行调查发现：一年级学生1585人中心理异常人数为275人，占测试总人数的17.35%；二年级学生1389人中心理异常人数为265人，占测试总人数的19.08%；三年级学生2087人中心理异常人数为454人，占测试总人数的21.75%。存在心理问题的学生中：一年级学生最突出的症状依次为强迫症状（40.50%）、人际关系敏感（36.50%）、焦虑（18.86%）、恐怖（16.59%）、其他（16.47%）；二年级学生最突出的症状依次为强迫症状（39.96%）、人际关系敏感（28.37%）、其他（21.31%）、焦虑（20.81%）、抑郁（19.01%）；三年级学生最突出的症状依次为强迫症状（43.65%）、人际关系敏感（31.34%）、其他（25.26%）、焦虑（24.77%）、抑郁（22.28%）。通过进一步分析发现，大学生普遍存在心理危机，三个年级的症状主要集中在强迫症状、人际关系敏感、焦虑、抑郁和其他等，且从低年级向高年级学生人数比例呈增长态势。

（二）大学生心理危机干预的问题与困境

1. 心理危机人数呈不减反增态势

从某高校心理测试结果中可以看出，心理危机人数和症状从低年级到高年级呈增长态势。现在各高校都非常重视对大学生心理危机的干预，新生进校后就开展心理健康普查筛选工作，对心理异常学生建立心理档案并持续跟进，然而，大学生的整体心理健康水平并未得到显著改善，反而出现了心理危机人数呈增长态势。

2. 过分关注个别学生及消极特质

以往大学生心理危机干预重点关注少数个别学生，主要服务对象为具有情绪困扰、行为失调、适应困难以及有自杀倾向的个体。为防止这类学生发生极端事件，往往把工作重心放在所谓问题学生身上，忽视对其他学生应有的关注与支持。然而，心理危机干预并没有抑制心理问题的滋长。

3. 心理危机干预机制流于形式

虽说各高校都做好了针对大学生心理危机的干预机制和预防措施，但基本处于消极被动、疲于应付的状态，好多后期跟踪都流于形式，没有真正起到对有心理问题学生的有力支持或援助，导致高校心理危机干预工作无法做到位。

4. 社会支持系统参与度较低

个体依靠自己的力量无法成功应对心理危机时，社会支持系统能够有效化解心理压力。大多数存在心理危机的学生普遍存在强迫症状、人际关系敏感、焦虑、抑郁等，大多数人都不善于主动寻求帮助。在缺乏必要的社会支持，得不到应有的帮助、关心和肯定时，必定会使学生在没有能力应对问题时产生更强烈的失败感，引发更严重的心理危机。

二、大学生心理危机的成因分析

随着社会的转型与竞争的激烈，大学生心理危机日益凸显。面对问题和困难，很多大学生采取逃避的方式，上课玩手机、刷微信、沉迷于网络游戏，甚至逃学旷课成为填补空虚灵魂的寄托方式。要实现对危机对象早发现、早干预，必须深入研究大学生心理危机产生的成因，探索大学生心理危机干预的创新机制，使大学生在成长成才的路上健康发展。

（一）自身原因

从某高校心理测试数据中得知，大学生心理危机症状主要集中在强迫症状、人际关系敏感、焦虑、抑郁和其他等问题，调查反映出相当一部分学生出现网络成瘾、自控能力差、人际关系紧张、不懂换位思考等问题，遇到问题缺乏求助意识，又不愿经历改变的阵痛，极易产生心理危机。

（二）家庭原因

任何一场危机事件背后均隐藏着心理危机，失败的家庭教养让孩子错失建立规则与自律的最佳时机，特别是父母感情不和、父母离异、单亲家庭的孩子及留守儿童更容易产生冷漠、焦虑、抑郁、敌对、恐怖等消极情绪，缺乏安全感，容易陷入严重失衡的心理危机状态中。

（三）学校原因

目前高校的心理危机干预体系重点关注具有强迫症状、人际关系敏感、抑郁、焦虑等症状的少数个别群体，况且在实际操作中较难对其通过一两次心理辅导来达到促进人格塑造和心理潜能开发的咨询效果。由于大学生心理健康状态是个动态变化的过程，心理危机会出现越抓越多的状况，甚至演变成心理障碍的推手。

（四）社会原因

通过某高校心理测试发现，因子分超过常模较突出的部分有三个：强迫症状、人际关系敏感、焦虑。这与价值观缺失、竞争压力过大、对未来考虑过多有直接关系。一旦情感和需求得不到满足，容易出现更严重的心理危机，甚至出现自残、自杀或伤害别人的行为，造成社会不稳定的诱因。

三、大学生心理危机干预的策略

从积极心理学的理论视角，把大学生心理健康教育与其他具有培育积极心理品质的内容整合到人才培养方案中，实现全员育人导师制贯穿人才培养全过程。充分利用家校合作的社会支持系统和大数据网络动态预警，构建对学生具有生命意义教育引导的多级预警防御机制，将关注重心更多倾向于培养具有积极乐观心理的学生，增强大学生心理危机的防御能力，努力寻求减少与化解大学生心理危机的策略，从而有效提升大学生心理危机干预的主动性和实效性。

（一）目标与定位

将心理危机干预重点放在心理健康群体和心理危机个体良好的心理状态方面，用积极的心态解读心理现象，激发其内在的积极力量和优秀品质，加强对学生具有生命意义的教育与引导，对学生进行健康人格特质的培养，从某种程度上增强学生的自信心、主观幸福感，帮助个体成长和自我实现，构建积极向上的育人环境，这也是心理危机干预的有效途径。

（二）内容与要求

把培养个体积极乐观的态度、塑造健康人格的内容体现在人才培养方案的课程体系和心理辅导中，激励人本身的积极因素，通过开发人的潜能，激发人积极的心理力量，让其学习方式和生活方式、思维方式都发生一定的变化，培育出个体积极的心理品质，让个体拥有健康平和的心理状态和合理的思维模式，促进大学生群体的身心愉悦和健康成长。

（三）方法与途径

1.构建心理危机"四级"预警防御体系

为了能够及早预防，及时、有效地干预并快速控制心理危机突发事件，要建立健全学校心理中心、院系心理辅导站、班级心理委员、宿舍联络员四级预警防御体制。实施异常情况逐级汇报制度，完善应急处理预案，建立应急处理快速通道，形成信息搜集、评估、反馈、防治的心理危机干预机制，降低、减轻或消除可能出现的对他人和社会的危害。

2. 思政与心理危机干预联动的"三观"正向引导

世界观、人生观和价值观统称为"三观"。大学生处于塑造"三观"的关键时期，学校应充分利用思政课程贯穿所有学期的契机，加强对学生的"三观"教育，培养学生平和的心态、乐观的性格、坚毅的意志品质、豁达的人生态度与正确的自我归因，帮助危机中的个体走出困境，提高其心理健康水平，塑造健康人格，为他们的健康成长奠定坚实的思想基础。

3. 人才培养方案与全员育人课程整合的生命教育辅导

在大学生心理健康教育、大学生性与心理健康、大学生职业生涯规划、大学生安全教育、大学生思想政治教育等课程中加强对生命意义教育的引导，培养学生健康的人格。人才培养方案与全员育人导师制实现无间隙的课程整合，培养大学生积极的心理品质、积极的人格特质、积极的情绪体验和积极的生活态度，通过个体自身的积极力量来面对生活中的问题，提升个体心理健康水平。

4. 构建基于社会支持系统的家校共同体提升学生积极心理品质

良好的家庭、学校和社会环境能够提供积极的心理氛围，面对突发事件能够有效地引导学生积极乐观地面对挫折，帮助学生解决心理上的困惑和烦恼，从而激发自身内在的积极力量和优秀品质，有效预防心理危机的发生。

5. 捕捉基于大数据的心理危机信息网络动态预警

信息技术的普及和发达使电脑和手机变成了大学生必需的学习和生活工具，学生在门禁系统、图书管理系统、食堂用餐管理系统、学生考勤系统、学生学籍管理系统、微信、微博、QQ、网络购物等活动中产生很多反映集个性、情绪变化的实时心理资料，这种方式提供了一种网络动态预警机制，为分析其是否需要进行心理危机干预提供了更精确的依据。

总之，大学生心理危机干预中引入积极心理学，建构培育积极乐观态度和积极心理品质的心理危机干预机制能够有效防止大学生极端心理危机事件的发生，构建美好和谐的校园。

第四节 浅谈积极心理学视野下的大学生心理健康教育

目前，大多数教师在开展大学生心理健康教育活动中通常是采用这样一种模式——介绍某一种心理问题，分析该问题的定义与危害，并总结克服该问题的方法，这明显偏离了激发学生积极心理素质的子目标。

一、积极心理学视野下的大学生心理健康教育优势

（一）拓展学生心理健康教育知识视野

开展积极心理学视野下的大学生心理健康教育活动，从正向角度激发学生的积极心理因素，有助于引导学生了解阳光心态和积极情绪，如乐观、自信、自律、内省、谦虚等，从而有效拓展学生心理健康教育知识视野。学生在学习积极心理因素的同时会逐步消除自身与心理健康教育的隔阂，将关注负面心理因素的倾向转移到激发个人潜能与培养健康积极的心态领域。

（二）创新大学生心理健康教育方法

开展积极心理学视野下的大学生心理健康教育，有助于弥补传统教育模式的缺陷，创新大学生心理健康教育方法。目前，很多教师在开展积极心理学视野下的大学生心理健康教育过程中，为学生组织了各种有趣的体验活动，如"信任背摔"游戏、"安全防卫"游戏，从而有效培养了学生之间的信任感，提高了学生的安全意识，使学生的责任感得到了加强。

（三）奠定社会人才教育基础

从发展视角来看，大学生心理健康教育属于一种长远性教育活动，塑造学生积极健康的心理素质有助于辅助大学生实习个人价值，从而为培养社会发展所需要的人才奠定良好的基础。而且，积极心理学主张以人为本，提倡积极人性，强调关注人的积极心理因素，发展人的潜能。在这一系列主张的引导下，学生很容易形成积极健康的心态，步入就业岗位之后，他们能够积极应对各种压力与问题。

二、积极心理学视野下的大学生心理健康教育方案

（一）发挥积极心理因素，增强学生的自控能力

基于积极心理学视野，顺利开展大学生心理健康教育活动，教师应充分发挥与挖掘学生的积极心理因素，不断增强学生的自控能力。在教育过程中，教师应尊重学生的情趣爱好与个性天赋，引导学生在发挥个人优势的同时潜移默化地增强自控能力与自律意识，学会自省。此外，教师应注意进行必要的引导，告知学生：一个人自控能力的强弱体现在其有意识或者无意识地在日常活动中和工作中表现出的习惯上。所谓的"自控能力"特指一个人善于自我支配和自我调节的能力，它是个人对自身的心理和行为的主动掌握，是个体自觉地选择目标，在外界没有监督的情况下控制自己的行为，抑制冲动、抵制诱惑。这样有助于优先培养学生的自控能力，教导学生恪守规范与道德行为。

（二）引入故事，提升课堂活力

提升大学生心理健康教育的乐趣，培养学生对该课程的学习兴趣，教师应注意创新教学方法，适当引入经典故事，以此提升课堂活力，让学生在快乐学习中形成良好的心态。例如，在解析"谦虚"这一美德的同时引入科学家爱因斯坦的故事，爱因斯坦曾经为一个夸奖他学识渊博的人画了一个小圆和一个大圆，接着说："在物理学这个领域里可能我比你懂得知识略多一点，正如这个小圆。然而，物理知识是无边无际的，小圆的周长有限，与外界的接触面较小，而大圆与外界接触的周长大，所以会感到自己的未知东西更多，就会更加努力地去探索。"这个故事说明谦虚好学、虚怀若谷才能容纳真正的学问和真理，不断完善自我，获取成功。

（三）做好正面引导教育工作，完善心理健康教育评估体系

全面提升积极心理学视野下的大学生心理健康教育效果，教师应做好正面引导教育工作，引导学生树立自信心，逐步形成乐观、健康的心态。与此同时，教师应注意完善教学模式，努力实现心理健康教育多元化，促进该学科与其他学科的有机结合，从而有效提高教育效果。例如，促进心理辅导和文化教育工作以及德育工作的有机结合，以此培养学生健康的心理，提高学生的文化素养和品德修养，引导学生逐步形成正确的价值取向，将学生培养成有文化、有道德、有理想、有纪律的"四有公民"。此外，教师应重视完善心理健康教育评估体系，从微观层次来分析，大学生心理健康教育评估主要包括心理辅导教育、心理活动体验教育和心理辅导组织管理的综合评估。在评估过程中，教师应全面了解学生的具体问题与兴趣爱好，然后，针对具体问题予以疏导教育，根据学生的兴趣爱好进行正确的引导，发扬学生的优点与天赋。一个月之后，教师可以对学生进行心理测试，并根据测试结果，进一步完善大学生心理健康教育评估体系，以此提高学生的心理健康素质。同时，教师可以定期开展体验式心理活动，如"阳光心理活动""心理信箱""校园心语"等，引导学生自行创办关于大学生心理健康教育的墙报、画廊、手册与板报等，使学生在参与心理健康教育活动的同时逐步形成积极、乐观的心态，并针对体验式活动效果做好评估工作。

第五节　积极心理学视角下的大学生心理健康教育探索

积极心理学这一概念最早出现在 20 世纪末的西方心理学界，从 20 世纪 80 年代开始，我国高校的心理学教育就开始运用这种教学方法。积极心理学视角下，应该注重人的人格培养和情感体验，大学生心理健康教育是为了及时矫正其心理问题，引导其走向正常的生活与学习道路，所以，将积极心理学引入大学生的心理学教育中十分必要。

积极心理学兴起于 20 世纪 80 年代的美国。当时，美国兴起了以研究人的品质为目

的的一场运动,一些美国心理学家将积极的心理因素如快乐、幸福、乐观等作为研究的切入点,将人的良好品格和积极的态度作为心理学的研究重点,这就是积极心理学兴起的背景。积极心理学研究的创始人是美国当代著名的心理学家马丁·塞里格曼(Martin E.P.Seligman)、谢尔顿(Kennon M.Sheldon)和劳拉·金(Laura King)。他们认为:"积极心理学是致力于研究普通人的活力与美德的科学。积极心理学主张研究人类积极的品质,充分挖掘人固有的、潜在的、具有建设性的力量,促进个人和社会的发展,使人类走向幸福。"从某种程度上来讲,对人们行为有创造性的、积极的、满足的因素进行的研究就是积极心理学研究。

积极心理学的对立面并不是消极心理学,心理学本身的研究范畴就是一种偏中性的态度,与快乐与悲伤没有关系,积极心理学只不过是对消极心理学研究的一种补充。在传统的心理学研究领域,对消极的心理现象研究较多,但是,在现代社会中,人们的生活节奏越来越快,物质生活不断丰富,但精神世界却在逐渐空虚,心理问题不断涌现,人们更多地在追求精神上的幸福感以提高生活的质量,所以,在这种形式下,积极心理学的研究就显得尤为重要。从目前研究的范围来看,积极心理学的研究领域一般有三个方面:一是从个人的主观感受出发,研究他们主观意识中的幸福感、满足感,对过去和现在幸福的比较分析;二是研究个人能力,一般是个人的工作学习能力,看待问题、分析问题的能力,爱的能力以及对未来的洞察力等;三是从社会层面进行分析研究,人生活在社会中,要有积极的心理首先得建立积极的家庭、学校和社会环境,这样才能有助于人的健康发展。

一、积极心理学的特点

积极心理学主要是提倡人们要有积极的生活态度和心理状态,它关注人优秀的品质、健康的心态,从客观的角度研究人的优点,并能用客观的心态去看待遇到的问题,不断激发人类潜在的积极特质,赋予他们不断前进的动力,最终让他们感到幸福。在关注人类优秀品质的同时,人的价值和生存发展方向是关注的重点,它将心理学传统的关注重点转向积极的一面,体现出更多的人文色彩,不断提升人自身的价值所在。在研究的同时,科学的研究方法是积极心理学研究的重要手段,所以,科学性也是积极心理学的一个重要特点。

二、积极心理学的作用

在传统的认识过程中,心理学是针对心理有问题的人进行的研究,但这只是片面的看法,普通的人的心理也需要被关注,他们也需要更好的心理状态,积极心理学就具有积极的增进功能,它能够刺激人的兴奋状态,让人们不断被积极快乐的东西所吸引,从而不断培养幸福感和满足感,让人们生活得更加幸福和快乐。预防是心理学研究的一个重点，更是积极心理学关注的一个点，心理疾病的产生正是因为疾病发展前期没有注意该问题导致病情的集中，所以预防心理疾病是关键，积极心理学的另一个作用就是有积极的预防作用，如果当事人了解积极心理学的内容，在遇到问题之前他就会想积极的一面，也能及时客观地解决问题，而不是一味消沉和抱怨，影响心理疾病的治愈。在出现心理问题之后，积极心理学有积极的治疗作用，它能够不断地培养病人树立乐观的生活观念，掌握人际交往的技巧，乐观地看待问题并进行冷静的处理，不抱怨过去，努力改变现状，积极地面对未来。在心理疾病诊疗的过程中，诊疗成功的患者大都是根据积极心理学的方法痊愈的，而且一般都没有后遗症出现。

三、我国大学生心理健康教育中的积极心理学研究现状

我国高校心理学专业对积极心理学的研究颇早，至今已有二三十年的时间。尤其是最近几年，随着高校对心理学的重视，积极心理学的研究也取得了很大的成果，在解决大学生心理问题上做出了突出的贡献。但是，即使研究有一定的成果，在现实大学校园中，仍然存在很多问题，尤其是有心理疾病的大学生做出的一些恐怖行为给现在的积极心理学教育带来了考验。

（一）大学生心理健康教育的目标不一致

心理学是一门中性的学科，没有好坏之分，但是从我们认知的角度来看，心理学的研究范畴又分为积极心理学和消极心理学。消极心理学是在有了心理疾病之后对其进行治疗和干预，而积极心理学主要起到一个防范和引导的作用，为了让人们的心理状态呈现最佳状态，让人们的潜力不断得以开发，生活更加幸福。如今的高校心理学教育更加偏向于消极心理学的教育，目的是为了治疗已经有心理问题的学生，这种心理学的教育方法直接忽视了学生的心理发展过程，对学生的心理需求不重视，缺乏积极的引导。

（二）大学生心理健康教育偏重医学研究

从我国高校开设心理学课程以来，在解决大学生心理问题方面取得了不小的成就，对促进大学生的心理健康有一定的积极作用，但是因为传统心理学教学目标的问题，消极心理学成了心理学教育的重点，所以，高校教育者都将教学的重点偏向于问题心理的研究上，比如焦虑、忧郁、自卑等情况，教育的对象也是仅仅限制在有心理问题的学生身上，只是对他们出现的问题进行研究分析，不去过多地关注他们心理的发展过程和未来发展情况。在课程设置上，大部分高校的心理健康教育学都采取选修课的形式，或者以简单的讲座形式，在心理辅导过程中，也是个别的诊疗式方法，讲座内容多是针对消极心理问题展开，在讲授的过程中会渲染消极心理的危害性。心理学的教学体系也不够完善，没有完整科学的知识体系，这样势必会让教师和学生更多地关注消极的心理或者不健康的心理状态，而忽视了积极的心理因素，这种干预性的教学方式不利于学生心理的积极发展。消极心理学的教学模式直接否定了心理学的中性特质，忽视了人更需要的

积极心理因素的引导，过多地注重医学层面上的"治疗"，而忽视了对心理问题的预防和积极引导，积极的心理学更应该关注学生优秀品质的培养，而不是去改变现有的品质特征。

（三）大学生心理健康教育对象有限

目前，高校的心理学教育关注点在消极心理学方面，研究的理论基础也是消极的心理学，他们通常认为只要消除心理疾病就是健康的象征，但是从心理学的角度来看，仅仅是没有心理疾病并不代表就有健康的心理状态。所以，心理学教育过少地关注学生本身的心理状态，尤其是多数学生的心理现状。在具体的操作中，高校的心理健康教育很多情况下处于被动的状态，他们几乎不会主动去引导学生，而是等有问题的学生寻求帮助，再进行针对性的诊疗，这种单一性的救助方式并不能让学生具有主动解决心理问题的能力，他们更不知主动去寻找勇气、乐观、幸福等积极的因素的方法，大学心理健康教育学的局限性，使大多数学生并不能从中学到积极的东西，甚至出现了谈"虎"色变的情况。

（四）大学生心理健康教育学师资良莠不齐

目前，高校中心理健康教育学师资队伍良莠不齐。一个原因是教师数量不足。普通高校心理学教师的数量较少，而且专业的心理学教师更少，尤其是在一些工科院校更是如此，很多学校都让学生辅导员承担心理学的教学责任，在入职筛选中，他们会尽量选取有心理学和教育学背景的应聘者担任辅导员，但是这些教师在成为辅导员之后，由于工作大都比较繁重，所以还是有很少的人会关注每个学生的心理状况。另一个原因是高校的心理学教育处于一种孤立无援的状态，只有极少数教师在进行学生心理问题的解决，其他的教师或者家长、社会都对学生的心理问题漠视，通常情况下他们根本发现不了学生心理存在的问题，所以，亟须建立完整的心理学教育体系，让每个人都关注心理问题，而不是把责任推给仅有的几个心理学教师。

四、对大学生心理健康教育中积极心理学的探索

（一）建立清晰的积极心理健康教育学的目标

高校应该转变心理健康教育学的教学目标，将之前的消极心理的教学目标，转变为积极心理学的教学目标，要逐渐培养学生乐观积极的心理状态，培养他们的幸福感。不仅仅要关注极个别人的心理问题，要将视野放在所有学生或者整个人类本身上。在现在的社会发展背景下，人们的物质生活水平有了很大的提升，他们关注的重点不再是生活所需，更多的是精神的需求。追求精神上的幸福是人类的共同目标。所以，心理健康教育学也应该紧跟这一目标，让学生通过校园生活建立积极、乐观的生活态度和正确的人生观和价值观。只有这样，在未来社会中，他们才会保持这种健康的心理状态，不断激

发他们自身的潜能，使自己的生活更加幸福。

（二）建立完善的积极心理健康教育学体系

对大学生积极心理学的教育内容体系的构建，首先要培养他们树立正确的自我认知观念。不管是积极的心理状态，还是消极的心理状态，都是由他们的自我认知观念引起的。积极健康的自我认知观念可以让人们拥有乐观的心理状态。在大学生心理教育的过程中，教师要积极地引导学生对自己的心理状态有一个全面的了解，通过课堂所学内容和社会实践，逐渐建立起自己的心理认知观念，懂得自我肯定和自我批评，能够客观地看待生活或学习中出现的问题，了解心理现象出现的合理性。从积极心理学的角度来看，对自我的肯定，尤其是对自己长处的挖掘，这样才能不断实现自我价值，在人际交往的过程中，要善于接受自己和他人，协调好理想与现实中的自我差异，不矫揉造作，也要不卑不亢，不断地树立正确的自我认知观念。

（三）构建积极的校园支持平台

人是社会性的，大学生成长的最主要生活环境是校园，所以，要想建立积极心理学的教育体系就需要有积极的校园支持平台。积极校园平台的建立，需要从学校的规章制度、管理体系、教学体系等出发进行综合分析研究。完整的心理学教学体系对大学生健康心理的形成至关重要，这套体系的建立首先要根据明确的规章制度和法律规范来制约，尤其是优良的学校氛围，可以使教学氛围得以优化，大学生在学习中可以找到自己的人生价值和认同感与归属感。积极的教学理念是校园平台建设的关键，只有以积极的观念来引导，传统的心理健康教育学才能进行重新定位，才能不断地更新和完善管理体系，让学生积极快乐地参与到学习和生活中，最终拥有积极健康的心理，拥有幸福的生活体验。

我国高校承担着为社会主义现代化建设培养人才的重任，在社会疾速的发展过程中，人们的心理健康直接影响着工作的效率，所以，高校的心理健康教育学任重道远。从目前的心理健康教育学现状来看，虽然取得了一定的教学成果，但是由于受传统消极心理学的影响，在教育过程中学校过多地关注了少部分心理有问题的学生，忽视了大多数学生的心理状态，所以高校要更新教育理念，培养学生的幸福感，让学生接受积极心理学教育，让他们的生活更加乐观幸福。

第七章　大学生心理健康教育模式研究

第一节　"互联网+"背景下大学生心理健康教育创新模式研究

心理健康教育是大学生教育的重要内容。进入"互联网+"背景下，大学生的心理健康教育也必须与时俱进，与当前的大学生学习特点相吻合，才能更好地发挥心理健康教育的作用，提升大学生的心理健康教育素质。大学生作为我国的未来，在互联网环境下，由于各种思想的侵蚀，在思想价值观念方面普遍受到了影响，进而对大学生群体的心理健康带来了显著改变。在这一形式下，要提升大学生心理健康教育成效，必然需要对大学生的心理健康教育模式进行创新。

一、"互联网+"背景下大学生心理健康现状

大学生作为我国社会主义建设的接班人，其心理健康与否不仅关系到个人的未来发展，同时也关系到国家的未来发展与建设。就当前大学生群体的心理健康状况来看，随着进入"互联网+"背景下，信息呈爆炸式出现，各种信息五花八门向大学生这一群体扑来，这对大学生群体的心理健康状况带来了显著影响。整体来看，互联网带来的多元化信息，使得大学生群体的价值观念也呈现出一定的多元化特征，社会主义价值观念出现动摇，而在个体方面，大学生的自我意识、人格特征等也都表现出一定的改变，网络化特征已经较为明显。

二、"互联网+"背景下对大学生心理健康的影响

（一）"互联网+"背景下大学生心理健康的积极影响

"互联网+"背景下对当代大学生心理健康带来的影响具有一定的积极性。首先，借助互联网工具，大学生能够与远在千里之外的父母、同学、朋友等进行在线沟通与交流，因而更加便捷，每当自己遇到心理问题时，可以及时向自己的同学好友倾诉，有利于大

学生养成健康的心理。其次，伴随着现代互联网的发展，功能越来越广泛，比如各种论坛、APP 软件等，为大学生心理压力的释放提供了一大途径，大学生可以通过网上冲浪释放自己的心理压力。最后，借助互联网，大学生可以便捷地进行购物，能够为大学生节省更多的时间，从而提升大学生的时间利用效率，这样大学生便有更加充足的时间从事自己的兴趣爱好和专业课学习，这对促进大学生心理健康的成长也具有积极作用。

（二）"互联网+"背景下对大学生心理健康的消极影响

互联网就像一个大染缸，汇集了世界各地五花八门的信息，这些信息对大学生的心理健康成长有积极的影响，当然也有消极的影响。最为直接的表现便是，当前很多高校的大学生都沉迷于网络游戏不能自拔，甚至很多大学生因为沉迷网络游戏而荒废学业，最终退学。由于我国教育体制的影响，在大学生群体中普遍认为大学就是享受的天堂，因而完全放飞自我，将主要的精力都放在了学习以外的地方，在万千的互联网世界中迷失自己，找不到正确的方向。另外，在"互联网+"背景下，很多大学生受互联网的功利思想影响，致使个人的思想变得功利化，不论是在学习上，还是在生活中，总是将个人利益放在最重要的位置，集体主义丧失，国家观念淡化，这对当代大学生的心理健康成长带来十分不利的影响。

三、"互联网+"背景下大学生心理健康教育创新模式

（一）借助互联网扩大心理健康教育辐射面

在"互联网+"背景下，要提高大学生心理健康的教育成果，必然需要对当代大学生的心理健康教育模式进行创新。对此，在未来的大学生心理健康教育过程中，可借助互联网这一广阔的平台，积极扩大对大学生心理健康教育的辐射面，从而切实提升大学生心理健康教育成效。互联网能够将各种资源进行有效整合，因而在当代大学生心理健康教育中，可根据学校的大学生心理健康教育开展情况，对各类资源进行整合，从而形成专业的大学生心理健康教育团队，对各高校的大学生心理健康状况进行动态评估，及时发现大学生群体中存在的心理健康问题。然后，结合观察到的一些心理健康教育问题，借助互联网对大学生进行积极的心理咨询，扩展心理健康教育的辐射面，真正提升大学生心理健康教育成效。

（二）利用网络教学资源提升心理健康教育成效

互联网实现了各校各类心理教学资源的有效整合，因而在"互联网+"背景下，开展大学生心理健康教育就要充分利用高效的这些网络资源，从而针对各高校大学生的心理健康状况进行专业评估与教育，切实提升大学生的心理健康教育成效。比如，可以利用高校的心理健康网络教学资源，结合大学生心理健康现状，开展针对性的心理健康教育讲座，由此帮助当代大学生了解心理成长发展的规律，掌握自己的心理健康状况，能

够根据心理状况改变进行针对性的调节，从而提升心理健康水平。此外，借助互联网这一工具，还可以将心理学专业的专家老师组织起来，通过构建在线平台，让专家学者定期诊断大学生的心理健康状况，由此利用专业教学资源，提高大学生心理健康教育成效。

（三）构建心理健康教育平台普及心理健康教育

互联网的特征之一便是通过整合各类信息资源，形成一个公共平台，满足各种需求人群。所以，在"互联网+"背景下的大学生心理健康教育，要充分利用互联网的这一特征，构建心理健康教育平台，根据大学生的心理健康需求，丰富该教育平台的各项功能，针对大学生进行心理健康教育，从而切实提升大学生心理健康教育成效。通过借助互联网，构建大学生心理健康教育平台，实际上是起到一种综合的教育效果。比如通过该平台将高校的各类资源整合在一起，实现资源的优化利用；同时，加强高校大学生心理健康教育师资队伍建设，提高心理健康教育水平。同时，积极利用互联网上的视频、音频等教学资源，真正提升大学生心理健康教育水平。

在"互联网+"背景下，大学生的心理健康状况也体现出多样性变化，这对高校大学生心理健康教育模式提出了更高的要求。对此，本节结合"互联网+"背景下大学生心理健康状况，对于如何在"互联网+"背景下创新大学生心理健康教育模式进行了分析，希望以此提升我国高校大学生心理健康教育水平，促进大学生群体心理健康成长。

第二节　积极心理学视域下大学生心理健康教育创新模式研究

大学生心理健康教育是高校学生工作的重要组成部分，随着时代的发展，传统的大学生心理教育模式已无法适应大学生心理发展的需求，高校要充分认识创新心理健康教育模式的必要性和紧迫性，加强对新模式构建的理论和实践探讨，切实推进大学生心理健康教育的全面发展。

20世纪末西方积极心理学思想，以全人类的发展和幸福为目标，改变传统只关注生命问题的修复，转向为同时建立美好的生命品质，强调对大学生健康积极的性格、气质与能力进行培养，充分开发大学生潜在的能力，促进大学生尽可能地发展自己，实现大学生心理健康和谐发展。

一、大学生心理健康教育模式的基本结构

大学生心理健康教育模式是指营造和谐的大学校园人文环境，培育大学生良好的思维品质和能力，构建预防、解决大学生心理问题的基本目标、方法、机制和路径，是高

校实施心理健康教育的顶层设计和评估高校心理健康教育成效的基本标准。

（一）基本主体

高校心理健康教育模式的基本主体是实施者和受动者，实施者主要包括心理学教师、高校辅导员、班主任及其他专业课教师。此外，大学生经常接触的同学、亲朋好友和崇拜的影视明星等，也在很大程度上影响着大学生的心理健康；受动者是指高校全体在校大学生。

（二）基本客体

基本客体是指心理健康教育模式中的心理问题、影响因素及教育对策，心理问题主要包括潜在的、即将出现和实际存在的心理问题，构建心理健康教育模式的基本目标是减少和消除各种不利影响，充分调动各种积极因素，形成有利于大学成长的和谐氛围，促进心理健康。

（三）中介系统

中介系统是指大学生心理健康教育模式所运用的各种媒介、手段和方法，主要包括四个方面：第一，组织结构，主要是指大学生心理健康教育模式的领导、教学和日常管理机构；第二，师资队伍，主要由心理学教师、心理咨询师、辅导员班主任以及其他教育者；第三，教育方法，主要包括应用心理学、教育学、思想政治学以及其他交叉学科的教育方法；第四，教学场所和教学仪器。

（四）基本功能

大学生心理健康教育模式的基本功能是消除并预防心理问题，建立健全大学生健康的心理和人格，它必须具有四方面的基本功能和意义。其一，能有效解决大学生当前的心理问题；其二，预防学生可能存在的心理问题；其三，倡导心理健康积极理念；其四，实现自我心理调节。实现大学生自我心理调节是预防和规避大学生心理问题的最有效、最可靠的根本途径，也是心理健康教育模式的终极目标。

二、创新大学生心理健康教育模式的基本原则

（一）全方位系统原则

高校心理健康教育应该从全方位创新构建与本校学生实际情况相适合的教育模式。一方面，大学生心理健康教育需要紧密联系学生实际，发挥其教育的独特针对性功能；另一方面，大学生心理健康教育要及时获取其他兄弟院校以及相关社会机构的支持和帮助，构建相互支持、优势互补的良好教育格局。

（二）理论结合实践原则

创新大学生心理健康教育模式要坚持理论结合实践原则，注重分析具体心理辅导和

教学过程，并运用相关的理论指导教学实践，再通过实践活动检验相关的理论，进而完善理论。

（三）以学生为中心原则

高校应以学生为中心，创新大学生心理健康教育模式，其是指在具体的教学过程中，要充分发挥大学生的主体作用，尽可能调动他们积极主动性，具体表现为教育者要尊重大学生的个性和理念，主动关心学生，加强彼此的交流与沟通，切实为大学生的健康成长保驾护航。

（四）可持续发展原则

可持续发展原则就是以大学生为中心，结合大学生身心发展规律运用科学合理的教育措施，全方位提高大学生心理素质。因此，大学生心理健康教育要注重提升大学生的认知能力，完善大学生的情感、个性品质以及社会适应性等，切实保障大学生心理健康可持续发展。

三、创新大学生心理健康教育模式的有效路径

（一）形成积极的心理健康教育理念

大学生心理健康教育理念指高校教育者对大学生心理健康教育的根本认识和态度，它决定了教育价值取向与目标追求，从而直接影响并制约着心理健康教育的成效。传统的心理健康教育理念认为，人类的心理是被动的，人的心理容易受周围环境或本能的影响和控制，它侧重于阻止心理问题的发生，从而达到预防的效果。积极心理学则认为，过多关注心理负面特质并不利于心理健康，而更应发挥人的潜能和积极因素，培养积极的思维，因而大学生应该充分展现自身的优势，拥有更多积极品质，依靠自身力量主动促进心理健康发展，从而最终塑造积极人格。诚然，治疗性咨询是大学生心理健康教育必不可少的一部分。但从长远来看，从根本上提高大学生心理健康水平、消除心理问题隐患，大学生心理健康的预防性教育显得更为重要。因此，大学生心理健康教育应该将重心从咨询治疗向预防教育转变，凸显大学生心理健康教育的全面性和有效性。

（二）加强大学生心理能力训练

大学生心理能力训练，是在心理健康专业教师指导下，大学生自觉主动对心理状态与行为进行我调控，提高自身认知、情意、意志、人格等方面的心理素质。通常包括团体成员的社团活动、心理拓展、潜能训练和团体讨论等。

首先，要培养大学生的积极情感体验，积极的情绪情感能够帮助大学生形成健康的心理状态，教育工作者要善于引导大学生发现学习生活中的趣事，激发大学生的积极情绪体验，保持积极乐观的心态，提升大学生的心理抗压能力，增强其幸福感，促进其全面发展。

其次，要培养大学生积极的人格倾向，大学生的人格倾向直接影响着他们看待事物的态度，甚至在一定程度上决定了他们的人生观和价值观。因此，积极心理学视域下的心理健康教育需要注重培养大学生积极的人格倾向，帮助他们用轻松有趣的方式处理问题，以积极的心态应对生活和学习中的困难和挫折，保持自信、乐观和豁达的生活态度。

（三）指导大学生心理朋辈互助

大学生心理朋辈互助教育模式是心理健康教育一种极为重要的教育模式，是指受过一定专业技能训练的心理互助学生，在专业心理教师的指导下，深入同学当中开展心理互助活动。如高校通过设立班级心理委员，经常性举办学生心理沙龙，建立大学生心理互助讨论群等，能很好地促使学生进行深入的心理交流，引起思想和情感高度共鸣，调动学生的生活热情和积极主动性，实现心理健康的自助和互助。因此，高校要建立大学生心理朋辈互助工作机制，提供一定的经费保障学生心理互助活动顺利开展，并安排心理专业教师定期对参与互助的学生进行心理健康知识和技能培训，确保心理朋辈互助活动取得预期效果。

（四）开展社会实践渗透式心理健康教育

社会实践是将心理健康教育知识转化为个体心理品质的中间环节，可将心理健康教育工作渗透到社会实践。大学生通过参加各种校内和校外的社会实践活动，加深了积极的情感体验，锻炼了应对困难的能力和意志，提高了心理健康水平。大学生社会实践活动丰富多彩，比如观摩心理健康影视、慰问敬老院、关爱残障儿童、爱心捐助、三下乡、开展阳光户外拓展训练营等。此外，教师在课堂教学中，也可通过组织趣味课堂活动，如个人分享、集体讨论、角色扮演等，让大学生有更多展现自我和交流、沟通的机会，激发他们的主动参与意识，大学生可从中充分"感受"和"体验"生活，增强相互理解与包容，建立起大家所认同和接受的理念与价值，促进大学生的自我认识，优化心理品质。

（五）构建积极向上的校园组织系统

大学校园对学生的心理健康培养起着至关重要的作用，心理学研究证明，优美的校园环境可以使人赏悦目，潜移默化地优化学生的个性心理品质，产生积极向上的情绪体验，有效促进心理健康。因此，学校应该重视大学校园环境的建设，营造有利于大学生心理健康发展的校园环境，尤其是良好的校风学风建设。如轻松和谐的校园氛围，有利于大学生形成积极向上的情感体验；丰富多彩的校园文化活动，充分发展了学生特长和能力，促进了大学生互相帮助和融洽的人际关系，培养了学生奋发图的进取精神和集体凝聚力、荣誉感，形成了健康的心理和人格。因此，高校要重视校园环境的建设，努力营造有利于大学生健康成长的校园文化氛围，不断陶冶大学生的思想品德情操，净化其心灵，促进心理素质的健康协调发展。

第三节　积极心理健康理念下的大学生心理健康教育模式的应用研究

心理健康教育是以促进大学生心理品质的提升，预防心理问题的发生，使其身心灵和谐发展的教育教学活动。其课堂教学模式必须在遵循一般教学规律的基础上，导入先进的教学思想和教育理念，运用现代教育技术，以突出心理健康教育内容的特殊性进行构建，重视教学活动中学生的主体性，强化学生对教学活动的主动参与，以实现心理健康教育的良好教学效果和积极发展的教学目标。

本节以在大学生心理健康教育内容中导入积极心理学相关理论及应用为导向，对大学生心理健康教育模式进行探讨。

一、导入积极心理健康理念的目的和意义

要加强社会心理服务体系建设，培育自尊自信、理性平和、积极向上的社会心态。这种正向引导和积极发展的理念对高校大学生心理健康教育的建设和改革具有开宗明义的指导意义。

相比于其他教育内容而言，大学生心理健康教育内容和方式都比较贴近大学生的生活实际，案例教学和团体活动等形式也比较能够调动学生的学习积极性。然而，近几年来我们发现，学生的听课热情逐渐下降，对课程的内容不太感兴趣，课堂互动的环节也表现出与己无关的状态，究其原因主要有以下三点：

第一，随着网络和智能手机的应用越来越发达，各种碎片化的信息充斥着整个社会。大学生在课堂上使用手机的情况已成常态，严重分散了大学生听课的注意力，并影响着课堂教学的秩序和氛围。

第二，智能手机的过度使用使得现在大学生过多地关注外界，对自己缺乏基本的反省和自觉，也意识不到自身的成长需求，相当多的大学生因此失去了学习的动力，荒废了学业。

第三，以往大学生心理健康教育的内容和模式，基本把重心放在"诊断和消解痛苦"等问题上，目标是追求心理问题的消解，心理障碍的减少，实际上是针对少数学生的心理消极层面的问题，对于大多数学生而言不能感同身受，难以发生共鸣，更无法产生兴趣。

积极心理学是现代心理学研究的一个新领域，其提供了一种新的视角，其将关注点放在个体心理健康和良好的心理状态方面，正逐步消解传统心理学过分关注人的消极方

面的理念,"倡导重视和构建个人的外在和潜在的积极力量,研究和探讨人的积极品质,发现和挖掘人的潜能,关注人类的生存与发展",是以促进个人的自我实现、群体以及整个社会的完善发展为宗旨的科学。

积极心理学的兴起是对传统心理学理念与内容的一种补充与完善,其意义在于不仅给人类提供了看待问题的新的思维和新的方法,还作为心理健康教育研究的一种新的思潮,进入我国现代心理健康教育的重要研究领域。

二、教育教学模式研究的基本内容

本节在积极心理健康理念的指导下,以增强学生积极的情绪体验和培养学生的自尊为主要内容,研究了如何在课堂中创设积极体验的教育情境,引导学生在体验中学会觉察其消极的情感对自身的不良影响,转变其错误的认知,并认识课程内容对身心发展的作用,培养学生发展、享受并运用积极的情感,形成积极人格特质。具体内容如下:

在教育教学中突出积极心理品质的发展内容,以引导学生对自身积极人格特质进行探索,培养他们乐观的心态与职业能力,具有挑战困难的勇气,主动发展出交往技能,懂得爱与宽恕,挖掘自身的创造性、天赋和智慧等;同时运用团体动力学的原理引导学生在群体层面自主形成积极的组织系统,创造良好的团队氛围及社会环境,以促使学生个体发挥其人性中的积极品质,如对自己、他人和社会的责任感,在照顾好自己的前提下能具备利他的意识和行为,举止文明、坚忍不拔,能在未来的职业生涯中重视职业伦理等。

在课堂活动中强调主观层面的积极情绪体验并加以训练,以帮助学生提升主观幸福感、生活满意度、自尊自信、乐观希望等,学会用一种更加开放、欣赏性的眼光去看待自身和处境,并理解自身的潜能、动机和社会适应的能力。

导入和强化心理问题的积极预防观,引导学生正确认识心理问题的发生和发展机制,懂得运用积极再定义的方式去看待自身的心理问题,并能够运用自己人性层面的积极力量和美德来有效地预防各种心理疾病的发生。

三、教育教学模式的建构与实施策略

积极心理健康理念下的大学生心理健康教育教学模式的建构就是根据大学生的身心发展特点,以其内在的向善性为价值取向,运用具有积极导向的内容、方法和手段,以培养学生个体的积极心理品质为抓手,预防各种心理问题的发生,促进大学生身心和谐及全面发展,既继承和借鉴经典心理健康教育模式的经验,又结合积极心理学研究的发展趋势,构建起积极心理健康教育的基本体系。

本节的实施策略则是运用对分课堂的形式将"积极体验式"模式引入到心理健康教育教学中,通过发挥该模式中的学生参与教育、主导教育过程和结合自身实际解决心理问题为导向的功能，将以往的心理健康教育的问题取向转化为积极取向，能让所有学生身心投入并受益。

对课堂中"积极体验式"教学模式的运作是以"认知为先导，情感为体验，活动为载体"的情境教学方式实施，主要思路是"导入情境—强化体验—小组讨论—相互质疑—澄清疑虑—建构知识—回归实践"，具体操作程序是：

（一）创设情境，启动体验

根据设定的内容选择一些相关案例为蓝本，让学生根据自己生活中的经验和观察进行角色扮演和情景再现，体验感受。

（二）设计问题，激活体验

教师主导学生按照情景表演的剧情提出问题，鼓励他们对这些问题进行思考，激活他们的内在情感体验。

（三）交流感悟，升华体验

以小组为单位进行分享和交流，让每个学生都发表自己的感受和想法，使他们了解到彼此的差异，激活正向体验，最终达成共识。

（四）评价反思，践行体验

教师运用心理学的原理对不同学生的情感体验进行解释，让学生推己及人，重新建构自己的知识和经验，并能运用到自己的生活实践中。

通过以上的操作程序，可以从知、情、意、行等方面提升学生的素质与潜能，使之能有效完成从知到行的内化。为了检验此项研究的成效，我们在教改实践中尝试在情绪管理和人际关系促进两个问题上采用对分课堂方式开展体验式教学活动，即把教学过程分为讲授、内化吸收和讨论三个阶段。讲授的过程以教师讲授课程知识的精髓，来保证其课程内容传递的系统性、准确性和有效性；内化吸收的过程让学生运用一周的时间，通过查阅文献、通读教材、分组讨论等方式来理解、消化该章节的知识点内容；讨论过程则运用启发式教学的手段，保证学生的自主参与性，在这个环节中，学生以正向情绪表达和积极沟通管理为导向，进行情景表演和分享，极大地调动了学生的参与热情，取得了良好的应用效果。

这种将积极心理健康理念融入体验式心理健康课程的教学模式，能够引导和帮助学生主动构建内在积极的心理表征，将所学到的知识发展成自己的生活智慧，是积极心理健康理念下的大学生心理健康教育教学模式研究的根本目的所在，具有可推广的价值和意义。

第四节　积极心理学视角下大学生心理健康教育课程教学设计研究

当前大学生的心理问题频发，大学生心理健康教育课程已成为高校开展心理健康教育和预防心理问题突发的重要手段之一。然而，受消极心理学和传统教学模式的影响，该课程存在重理论轻实践、重灌输轻体验、重矫正轻发展、重知识轻能力的问题。因此，如何改革和创新教学设计，使心理健康教育课成为更有助于学生应对心理困惑、改善人格品质、提升心理素质的实用性课程，是高校心理健康教育面临的重要研究课题。与此同时，在反思传统心理学及学校心理健康教育困境的前提下，20世纪末积极心理学的思潮顺势诞生，积极心理学旨在倡导用一种积极的态度解释各种心理现象，致力于研究人类的积极品质。积极体验、积极人格、积极的社会组织系统是积极心理学研究的三大支柱，其中积极情绪体验是核心，积极体验中又以主观幸福感的研究最多，在整体上形成了"一个中心三个支撑点"的理论体系。积极心理学的核心思想是心理学研究的关注点应该从单纯的问题取向转移到人类正向品质的研究与培养，通过挖掘人类自身拥有的潜能和力量来达到积极预防和积极治疗的目的。这为更好地组织设计大学生心理健康教育课程提供了新的思路。

一、积极心理学取向课程教学设计的总体思路

（一）主张突出学校心理健康教育的教育与发展性目标

根据心理学研究的三大历史使命，学校心理健康教育通常具有三大功能：一是心理健康教育的教育与发展功能；二是心理健康教育的预防功能；三是心理健康教育的治疗功能。其中第一项功能的价值取向是积极的，后两项功能相对消极，目前的大学生心理健康教育课程教学都过于偏重后两项功能，而忽视了第一项功能，导致大学生心理健康教育课程实效大打折扣。积极心理学倡导关注人的积极方面，主张心理健康教育的目标应该回归到"重培养促发展"上，突出学校心理健康教育的教育与发展功能。

（二）主张构建学校心理健康教育的积极内容

长期以来，我国的大学生心理健康教育深受传统的消极心理学研究取向的影响，在教学内容设置上过分关注心理问题的预防与矫治，忽视了学生心理潜能的开发和积极心理品质的培养，偏离了大学生心理健康教育应该以教育与发展为主，促进全体学生成长发展的最终目标。积极心理学是在反思传统心理健康教育模式的基础上产生的，并不完

全否认消极心理学的作用，只是主张将心理健康教育的着力点从关注消极方面转移到关注积极方面，希望通过积极品质的培养来抵消消极因素的影响。而且积极心理学认为"智慧、感恩、乐观、美德、幸福"等积极因素是人类所固有的特质，在教育教学过程中，如果这些积极的特质被培育与强化，那么与其相对的消极的特质就会改变与消退。我国学者孟万金教授基于积极心理学的理念提出了诸如增强主观幸福感、开发心理潜能、改善学习能力、完善积极人格等14项学校心理健康的核心内容。

（三）主张学校心理健康教育实施积极情感教育，增强主观幸福感

积极心理学认为学校心理健康教育普及心理知识固然重要，但最根本的还是要通过培养学生的积极情感，来增强其主观幸福感，塑造其积极的人格品质，发展积极的人际关系，最终让学生养成一种即使在困境面前也能积极寻找积极因素的思维方式，并内化为一种世界观、人生观、价值观。这样学生才能真正快乐与幸福。

二、积极心理学取向的课程教学模式设计

传统的心理健康教育课程教学模式单一与机械，过于重视理论层面的传道授业解惑，学生参与度不够，缺乏亲身体验，更难有情感上的共鸣，未能实现教学相长的协调统一，教学效果比较差。其实学校心理健康教育是学生求知的过程，也是师生情感互动的过程。积极心理学理念下的学校心理健康教育课程应该注重学生的实际体验，通过积极体验式教学模式不仅可以让学生学有所获，而且能让学生感同身受，陶冶积极情感，增强主观幸福感。基于此，结合我国学者周华、胡国良等人的研究成果，在人本主义教学思想的指导下，提出了"分享—体验—内化"的教学模式。该模式是一种情境式、对话式、体验式、应用式的活动过程，是师生、生生共享经验、智慧、知识的过程。具体的操作程序分为以下四步：

（1）创设情境，融入情感。首先教学氛围要安全、积极、平等、和谐，创设一个信任、融洽的心理安全环境；其次教师要积极情感卷入，用尊重、真诚、热情、积极关注的态度对待学生，激发学生热情与兴趣；最后用图片、故事、心理剧等形式触动学生内心世界，通过感同身受的共情融入情境，感人物所感、思人物所思。

（2）分享与领悟。首先点题，引导分享的主题与方向；其次组织与鼓励，但不评判，让学生彼此交流与情感和思想碰撞；最后实现学生的自我感悟、自我反思、自我探索。

（3）总结与整合。首先，学生代表进行评述总结；其次，教师进行整体评述与拓展；最后，学生结合教师评述与拓展进行新旧知识重构，进一步强化心得体会与能力。

（4）实践与内化。通过布置实践任务与课后作业的形式，把所学相关知识与技能加以应用，通过亲身体验加以内化提升。

三、积极心理学取向的课程教学评价设计

学校心理健康教育课程的目的不单纯的在于心理学理论知识的传授和单个心理品质的培养，也不仅仅在于心理问题的矫正，而是在于学生整个心理世界的构建，重在整个心理素质的提升和幸福感的培养。所以传统的教学评价方式对大学生心理健康教育课程意义不大且容易误导其组织与实施。在积极心理学思想的指导下，作者认为大学生心理健康教育课程考核方式应该以学生主观体验为基础，以学生积极参与、自我分析报告、团体心理剧等形式为手段，关注学生积极思维理念的获得、积极人格品质的培养、主观幸福感的形成。具体评价中实施过程评价，评价手段上实行自评、他评及心理品质测量相结合的形式。

第五节　积极心理学视角下大学生心理健康教育课程优化研究

大学生的学习生活，在很多人眼里看来，都是比较自由、散漫，没有太多的忧虑和压力的。实则不然，大部分大学生有着普通人不知道的学业压力、生活压力等。例如近几年时常有大学生因为各种压力辍学、甚至想结束自己的生命等事件的发生。

一、当代高校大学生心理健康教育课程现状

（一）课程设置具有消极导向

传统的心理学课程通常是以心理问题为导向，比如教授学生相关的心理类疾病的特点及相关的治疗方式和方法。这类教学内容只能帮助学生解决各类心理疾病，对心理疾病起到预防作用。却忽视了教育本身的目的，应该是积极开发学生的潜能。作为心理健康教育更应该以提高学生心理素质为主要导向，让学生有更好的心理状态来面对以后的人生。

（二）教学方式相对单一

在高校的心理健康教育课程中，老师往往比较单一地向学生讲述心理学知识，告诉学生如果心理方面遇到困难应该怎么做等。在这样的课堂上，学生缺乏相关体验，教学内容往往也难以引起学生的重视，使得课堂教育效果低下，并没有起到心理健康课程应该有的作用，更不要说提高学生的心理素质。

（三）课程设置时间短且单一

大多数高校将大学生心理健康课程集中安排在大一学生刚入校时期，但学生在整个大学阶段，不同时期会有不同的问题，这样的课程时间设置缺乏针对性。课程设置相对单一，教授内容缺乏个性，每个学生教授相同内容，缺乏选择性。

（四）师资力量缺乏

目前大多数高校，特别是工科院校，专职心理健康老师特别缺乏，一般一所高校配备一到两名心理健康老师，其他大部分属于兼职性质，一般由辅导员或是人文社会科学及思想政治老师担任，这样势必会影响大学生心理健康课程的教学，也同时会影响心理健康课程在学校进行心理健康教育中的有效性。除了师资力量的缺乏，目前师资也缺乏相应的专业培训，积极心理学作为心理学的一大领域，在教学中的运用需要进行不断的专业培训，掌握积极心理学最新的发展动态，这样才能有利于心理健康课程的开展。

二、积极心理学在大学生心理健康课程中的应用

（一）以积极心理学理论为基础，重新整合教学目标

传统心理健康课程以心理问题为导向，服务对象有限，有心理问题的学生毕竟是少数。应改变传统心理健康教育以预防心理疾病为主的目标，立足于积极心理学取向，以培养学生积极的心理品质、发掘学生潜能为目标。在关注有心理问题学生的同时，也面向全体学生，重视大多数学生心理问题的预防和积极心理品质的培养。

（二）基于培养学生积极心理品质的教学目标，大力扩展教学内容

改变以往教学内容偏重心理问题、心理疾病类知识的传授，在这样的教学内容中，学生普遍感到比较压抑，不能树立良好的心理健康观念。调查结果显示，近几年来，学生遇到心理上的问题时很少有想法去心理咨询室找相关老师咨询，更多的学生认为去心理咨询室就是心里有疾病，这或许与消极内容为主的心理健康课程有关。以积极心理学为主导的心理健康课程，应符合大多数学生的需求，以注重培养学生自信心的建立、人际关系的优化以及创新能力的探索为侧重点。这样能够更加有助于高校学生对于问题的解决以及自我效能感的提升，同时也更能帮助学生树立一个科学的心理健康观念。

（三）丰富教学形式

以往教学形式的单一，老师侧重于知识的传授，学生被动接受，这样的教学方式和方法，教学效果差，学生主体性差，特别是会降低学生对心理健康课程的兴趣，在接受知识的过程中缺乏积极性。另外，传统的教学方法与校园文化和其他课程资源的融合性较差，不利于大学生人格的完善和心理发展。基于积极心理学理论和大学生身心发展的特点，在教学形式上可以运用体验式教学方法，强调与学生的互动，设置相关实践主题内容，用丰富的教学方式和方法提高学生的兴趣，增加课程的实用性，真正做到让学生

在课程中有所收获。在课程时间和内容的设置上，可以更加丰富其选择性和个性化，扩展教学内容，设置一系列主题，学生可以在大学四年的时间内，根据自己的需求选择相应的主题和上课的时间，这样更符合心理健康课程的教学目标，对学生的帮助也会更大。

（四）提高积极心理学教育的渗透效果

高校可以将积极心理学的知识渗透到平时的德育教育、健康教育以及各种学校活动中去，鼓励学生以积极的心态面对生活、面对学习。通过这些方法，潜移默化地培养学生的乐观心态和热爱生活的精神，让学生利用积极心理学，减轻当代大学生学习和生活的压力，帮助他们找到大学学习生活的乐趣和幸福。

（五）增加师资力量，完善相应专项培训

增加心理健康专职教师人数，组织集体备课和相应的专题培训，保证心理健康课程的积极心理学取向以及课程在心理健康教育过程中的有效性。

心理健康教育是大学生高校教育中不可或缺的一部分，传统的心理健康教育课程已不能满足目前高校学生的需求。大学生心理健康教育的真正目的应该是培养学生积极的心理品质，发掘自身的潜能。积极心理学更加关注学生积极品质的培养，这与教育的本质相同，同时改变传统以消极内容为导向的心理健康课程也能减少学生对心理健康负面的看法，从而树立科学的心理健康观念。因此，在大学生心理健康课程中引入积极心理学的理论显得尤为重要。高校应当科学有效地利用积极心理学知识，帮助学生培养积极乐观的心态，从而使学生成为全方面综合发展的人才。

第八章 "互联网+"背景下的心理健康教育

第一节 "互联网+"背景下大学生心理健康教育现状及创新

大学生心理健康教育是高校思想政治教育的重要组成部分。随着互联网的高速发展，尤其是新媒体、自媒体的网络化的日益普及，大学生的心理教育出现多元化发展趋势，不可避免地会面临各种心理困惑和心理冲突。本节分析了"互联网+"背景下大学生心理健康教育的发展现状，研究了"互联网+"背景下大学生心理健康教育存在的问题，阐述了"互联网+"背景下开展大学生心理健康教育的优越性，提出了互联网+背景下加强大学生心理健康教育的主要策略。高等院校要重视大学生心理建立教育，积极落实立德树人的根本目标，促进大学生身心健康成长，全面提高高等教育质量。

我国的大学生心理健康教育起步较晚，自20世纪90年代国家才开始重视这项工作。我国国务院提出："网络环境下的学生心理健康教育逐渐成为普遍关注的焦点，信息管理等部门和学校要加强对电子信息产品和计算机网络的监管，及时清除计算机网络传播的反动、色情和不利于青少年学生健康成长的电子信息，努力开办网上心理健康栏目，充分抓住网络阵地，宣传普及心理健康知识，优化心理健康教育的网络环境，强化网络的积极影响，利用网络优势开展心理健康教育。"

中国第一个基于互联网的心理学研究是赵向阳的硕士论文，在线信息咨询中咨询员的人格、网络匿名性和工作绩效心理健康教育是高校思想政治教育中不可或缺的重要部分。当前，随着我国改革开放及经济全球化水平的进一步加深，特别是互联网等新媒体、自媒体的日益普及，大学生的利益需求趋于多元化，不可避免地会遭遇各种心理困扰和冲突。同时，由于人才竞争日益激烈，尤其是社会对人才的素质要求越来越高，大学生也面临着越来越大的心理压力。高度重视心理健康教育，切实提高大学生心理健康水平，是促进大学生健康成长和全面提高教育质量的关键之一。2004年，葛宝军、宋英提出了"大学生心理健康教育的网络模式"，并建立了一个四级互联交叉的心理健康教育立体网络模式。网络心理健康教育现在已经成为现实心理健康教育的拓展和延伸，互联网的发展也是心理健康教育发展的必然。

一、"互联网+"背景下大学生心理健康教育的发展现状

1957年,苏联发射了人类第一颗人造地球卫星Sputnik。作为响应,美国国防部(DOD)组建了高级研究计划局(ARPA),开始将科学技术应用于军事领域。ARPANET可以说是Internet的前身,E-mail、BBS、Newsgroup、聊天工具IRC等相继出现,1989年WWW万维网出现在大众的生活中,为人们的生活提供了便利。

"互联网+"背景下的心理学研究。1955年,心理学的研究从实验室转移到了互联网上,1998年6月17日,John Krantz负责的网站(http://psych.hanover.edu/aps/exponet.html)上罗列了35个基于互联网的心理学研究,之后网上心理学的研究也在逐渐增加,随着网络心理科学资源的增加,利用网络进行心理教育也更加方便和权威。

当代教育网络化现状介绍。互联网的发展对教育行业产生的变革是革命性的,我国正在努力推进远程教育的发展,为教育的网络化提供了越来越完善的基础设施。对于心理学来说,互联网是需要研究的对象,也是可以广泛应用的研究工具。如今心理素质在衡量人才的指标中的地位、心理健康教育在学校的教学计划安排中的地位日益重要,心理健康教育理应在网络化方面有一个快速发展的趋势,但是查阅到的大量数据信息显示,在当今我国的心理健康教育中,网络这个工具被应用到的范围仍旧有限,且发展速度也处于较慢水平。由此可见,网络心理健康教育还有极大的发展空间和更多的发展可能。

二、"互联网+"背景下大学生心理健康教育存在的问题

网络传播很广泛,世界各地的信息充斥着网络,这也就造成了网络的高风险,对大学生的世界观、人生观、价值观有很大的影响,对大学生的心理健康有一定的引导作用。由于技术水平发展不够完善、心理健康教育师资不足等客观因素以及一些不可避免的主观因素的影响,大学生网络心理健康教育仍存在着一些问题。

大学生心理健康教育比较传统落后。传统的大学生心理健康教育手段包括:开设大学生心理健康教育通识课程和讲座,普及心理健康知识,设立校园心理咨询室,定期举行心理辅导活动,组织学生参加社会实践活动、大学生心理健康问卷调查,建立大学生心理健康档案,培养自我教育能力等。当然良好的校园氛围(或校园网络文化建设)也是少不了的。现在效果最明显的就是开设心理健康教育课程并辅以心理咨询。首先传统的心理健康教育手段信息整合、共享较为不便。而网络化的大学生心理健康教育却能较好地解决这些问题。还有传统方法上的量表和问卷也可能存在适用性不广的局限。其次传统心理健康教育的师资力量也不够强大,地区发展不平衡,基础设施薄弱等。现今有很多大学的心理健康教育课程、心理健康测试、心理健康咨询之间还没有建立可共享的学生心理健康资料信息库,使得学生重复做了大量基础性的测试,这不仅消耗了不必要的人力物力,还容易使学生产生练习效应和疲劳效应。而且传统心理健康教育不能顾及

每一个人，这就使得心理健康教育出现了不充分性和不平衡性。

大学生心理健康教育个性化需求具有局限性。大学生心理健康教育最明显的局限性是个性化和效率之间的矛盾。例如，大学生心理健康教育通识课程、心理辅导活动虽然一次性的受众较多，整体效率高，但在个人针对性的心理问题解决和个人的心理健康教育质量方面存在固有的局限；与之相对的是设立心理咨询室，它虽然在解决个人特定问题上具有优势，但效率低下，耗费大量时间，此外，它是否能发挥作用主要取决大学生的主动性。因为这种方式需要大学生主动预约学校的心理咨询教师，因此无法对那些出于某些原因不能去心理咨询室的学生进行心理健康教育。另外，非面对面的交流使心理咨询教师无法获得较多的来访者可观察讯息，可能使咨询效果降低。而且论坛讨论组不易管控，加之匿名功能，极有可能出现大量无用信息，或出现"乱出主意"的问题。

高校网络心理健康教育平台建设不健全。随着科技的迅速发展，高校网络心理健康教育平台建设中也有很多问题。首先，高校心理健康教育管理者不够重视网络心理健康教育，没有健全网络管理制度，没有更多地用于实践；其次，政府政策在网络心理健康教育这块也没有做出更加具体的方针和政策，监管力度仍需加大，应继续加强对网络的规划范使用；最后，大学生本身的问题，由于网络使大学生参与心理健康教育活动的时间空间不再受到严格的控制，我们更加不易判定大学生在参与心理健康教育活动时的态度和周围环境，无法保证学生是否认真观看了心理健康教育课程视频、无法控制大学生填写网络问卷时的环境因素，存在胡乱填写的可能。还有全天候的咨询时间与匮乏的心理健康教育资源产生矛盾，既有可能出现同一时间网络咨询的学生太多，师资供不应求的情况，也有可能出现问题不能及时得到回复的情况。

三、"互联网+"背景下开展大学生心理健康教育的优越性

当前关于"互联网+"背景下心理健康教育的研究分为两个部分：第一个部分是研究网络对人的心理健康的影响以及如何利用有效的教育手段使网络对人心理健康的影响更多地偏向积极方面，降低或摆脱消极的影响，如解决网络成瘾、网恋问题，研究网上的攻击性行为等；第二个部分是研究如何在心理健康教育的过程中使用网络平台，以及网络对心理健康教育形式、途径、效果等方面的影响等。

大学生网络心理健康教育形式多样化。大学生网络心理健康教育的形式现有线上的大学生心理健康教育视频课、线上的问卷调查、有关心理健康的论坛或讨论群、线上的一对一咨询、电子邮件、留言本等。线上大学生心理健康教育视频课大部分高校都以第二课堂的形式开展，通过一些慕课平台给大学生观看。线上问卷调查是通过在网上编辑设置一套标准化的量表让学生进入网页填写，从后台直接获取量表填写的结果数据分析。论坛和讨论群种类较多，按创建者分类有学校官方创建和大学生自发创建；按内容功能分类有树洞、"夸夸群""喷喷群"等。线上一对一咨询就是学生在网上向心理咨询师

咨询心理问题，这个的应用与之前的几种相比还较少。大学生还可以通过浏览网页等方式来接触基本的心理学知识，从而潜移默化地改变人们对心理学的认知，使大学生能更好地预防和解决心理问题。在网络视频课程中，线上的师生互动也解决了不能面对面的及时性反馈问题。以上这些形式都是为了能够更好地服务于大学生，使心理教育更加容易。总之，互联网的出现拉近了人们的时空距离，为人们的交流提供了方便，在网上能用的心理学资源也越来越多，获取心理知识的渠道也变得更具有灵活性和多样性。例如，各大高校的电子图书馆和一些心理学机构的网站也都对外开放，近年来的心理学公众号也得到了足够的发展。

有利于保护个人隐私，增强学生的安全感。大学生心理健康教育是指通过运用一些心理健康知识和技能，以心理辅导和心理咨询为主要形式来疏导大学生成长过程中遇到的心理问题并提高他们适应大学生活的相关能力。但是在大学生心理健康教育的具体内容中，还有许多不足。而且随着当代社会竞争压力的日渐加重，生活节奏日渐加快，再加之全球化的纵深发展导致多元文化、价值观相碰撞等因素的影响，当代大学生的心理问题日益增多且种类复杂，具有鲜明的时代性。利用互联网的交流具有匿名的功能，经济、方便、具有时效性，这既可以减少大学生对隐私泄露的顾虑，增强他们的安全感，使其有更大的意愿去分享自己的经历和去尝试主动联系心理咨询师，可以使大学生根据自身的意愿主动去接触适合自己的心理咨询；同时还可以降低大学生的羞怯情绪，使咨询中的沟通交流有更加深入的可能，便于获得更多来访者自我感觉方面的信息。黄海、颜小勇、余莉、俞宗火等人在《大学生对网络心理咨询的态度及与人格、网络自我效能感的关系》中指出：大学生对网络咨询有较积极的态度。

有利于节省空间和时间，心理健康知识普及性更广。网络本身具有的全球性和全天候的特点，使其能帮助大学生心理健康教育突破时空限制。如大学生可以自由选择空闲的时间观看心理健康教育视频课程，并且能在有切实需要时反复观看；不需要在特定的咨询室内，既可以节约空间的占用，还可以实现咨询师资源更快速有效的配置，使多个学生的心理咨询可以同时在线进行。网络的迅速发展以及人们对其的依赖性使人们能够更多地去接触心理学，以达到心理学普及的效果；同时还能够方便快捷地收集到有效的心理学资料以及时地进行反馈，更好地服务于大众。

四、"互联网+"背景下加强大学生心理健康教育的主要策略

为解决实际问题，除了需要整合学校现有的心理健康教育资源，努力构建课堂教学、心理教育活动、心理咨询、危机干预、调查研究"五位一体"的心理健康教育模式以外，还应拓展新的大学生心理健康教育途径，充分利用好网络所具备的特有优势，提高大学生心理健康教育工作的实效性。

构建心理健康教育平台，促进心理健康教育信息化。利用网络平台将资源最优化，

节约制作成本（传统课本印刷、线下宣传等），大学生能够在网上自由选择适合自己的课程教师等（以达到问题解决的目的）。同时，根据大数据的反馈能够更好地发展心理学。利用网络的形象性和新颖性丰富高校大学生心理健康教育的方法和手段。网络为大学生心理健康教育提供了多样化的选择，将文字、图画、声音等充分应用，更好地向大学生传递心理健康知识，让其更容易接受。而应用网络能够更方便、便捷地建立信息库，能够实施到每个学生的身上。而且对每位大学生每次心理健康教育相关活动的结果都建立个人信息档案，既能便于各项大学生心理健康教育工作的进行，又能促使大学生更加认真地对待每次心理健康教育活动，使心理健康教育工作更具针对性，提高它的效用。同时还可以促进五位一体的心理健康教育模式的建立。而且目前我国高校都已建立了良好的校园网点，更加便于心理教育网络化。

优化心理健康教师队伍，完善心理健康教育体系。高校方面，完善高校网络心理健康教育体系建设，招聘心理健康教育专业骨干教师，扩大专业心理健康教育师资队伍，设计更加简单易懂的课程，增加人文关怀，建立网络心理健康教育管理平台，加强心理健康教育顶层设计，充分利用校园网和互联网两大平台，构建完善的心理健康教育体系。加强网络心理健康教育平台建设，需要重视网络心理健康教育的意义，以引导大学生开展自我教育，建立大学生心理健康信息档案和及时反馈制度，注重各部门协同教育，提升整体心理健康教育质量。地方政府应出台相关政策配合高校网络心理健康教育管理，加大监管力度，努力创造一个良好的网络环境。在校大学生应该提高自我意识，主动接触心理健康教育，将其作为常识学习，加强自我修养，自觉抵制不良信息，文明上网。

根据"互联网+"背景下大学生心理健康教育的发展现状我们可以推论出大学生网络心理健康教育有着充分的发展前景，我国高等院校的校园网已经成为大学生心理健康教育工作的重要渠道。"互联网+"心理健康教育的"关注度"逐渐提高，越来越多的大学生慢慢知晓心理健康教育的意义。在"互联网+"背景下，充分利用网络已经成为大势所趋，人们现在离不开网络，互联网正在改变着我们的工作方式和生活方式。利用网络进行心理健康教育无疑会带来显著的效果。尽管互联网在大学生心理健康教育工作中的运用还存在一些不可避免的问题，但它在解决一些特定情况下的问题时却可以弥补传统心理健康教育手段存在的不足。"互联网+"大学生心理健康教育应引起高等教育工作者的高度重视，科学合理地运行这种教育手段，努力探索新时期网络心理健康教育的新模式，使其更容易被多数大学生学习，进一步优化大学生的心理素质，从而提高高校心理健康教育工作的有效性和实效性，促进大学生心理健康教育工作的蓬勃发展。

第二节 "互联网+"背景下心理健康教育的"心"路径

高校少学时的心理健康教育课程教学设置，无法满足大学生心理健康持续发展的

"心"需要。新媒体的功能与特性使得新媒体能够成为大学生心理健康教育的"心"出路。微信公众平台对大学生心理健康教育的"心"意义表现在通过微信平台发现"心"需求，通过微信平台普及"心"知识，通过微信平台宣传"心"活动，通过微信平台建设"心"桥梁。为更好发挥微信公众平台在大学生心理健康教育中的作用，高校应充分利用网络资源，将大学生心理健康教育工作融入微信公众平台之中，开发并运用具有自身特色的微信公众平台。开启网络心理健康教育的"心"时代，需要我们扎实做到"三个加强"，即加强微信公众平台的模块设计，加强微信公众平台的对象拓展与团队建设与加强微信公众平台网络心理健康教育的效果分析。

随着互联网信息技术的发展，我国高校传统的心理健康教育课程教学自身局限性越来越凸显，已经无法满足大学生心理健康可持续发展的"心"需要。因此，如何在新媒体背景下找到大学生心理健康教育的"心"出路，是我们每一位大学生心理健康教育工作者应该直面的课题。

一、当前大学生心理健康教育的"心"现状

近些年来，我国大学生心理健康教育工作取得了长足的进步，特别是在教育部颁布了《普通高等学校心理健康教育工作基本建设标准（试行）》文件后，各高校的大学生心理健康教育体系已经形成，但专业心理教师的师资力量相对薄弱，很多高校的《大学生心理健康教育》课程采用的是由学校仅有的几个心理咨询师来大班制集中授课。这种大班制授课模式，只能传授少量的心理健康知识，无法持续、有效提高学生的心理健康水平。当前大学生心理健康教育也大都仅限于课堂教学的形式，并完全寄希望于18周36学时的大学生心理健康教育课程，有些大学甚至还没有开设大学生心理健康教育课程，这使得当前大学生心理健康教育形式单调，内容匮乏。另外，很多大学生对大学生心理健康教育课程的态度比较冷漠。一来认为自己没有心理问题，不需要听课；二来认为大学生心理健康教育课程是副课，没有专业课那么重要。

高校少学时的心理健康教育课程教学设置，无法满足大学生心理健康发展的"心"需要。特别是高职高专院校大都施行的是"2+1"模式人才培养方案，即前两年在校学习专业理论知识，最后一年去各大事业单位与企业实习，这种模式使得大学生在校学习的时间特别短，他们大都把时间花在了专业课学习上，学校教学计划也不可能把重心放在大学生心理健康教育上，因此，绝大部分高校仅仅在大学一年级新生开学之际开设36学时的《大学生心理健康教育》课程，这样的课程也仅仅只能针对大学生的适应期，他们在大二的迷茫期、纠结期、思考期，大三的抉择期、实习期、就业期等都没有持续、系统的心理健康教育课程。每一年的五月二十五日是全国大学生心理健康日，众多高校都会在这段时间内集中开展心理健康诸如话剧表演、健康节等系列活动。这些活动能够增强学生的心理健康意识、普及学生的心理健康知识，提高学生的心理健康水平。但是，

如果仅仅只是在五月集中开展心理健康教育活动，难免会造成心理健康流于形式，造成系列教育只在五月才重要的现象，造成日常心理健康教育不够充足。这种尴尬的局面是我们每一位大学生心理健康教育工作者所不愿意看到的。

二、新媒体背景下大学生心理健康教育的"心"出路

随着互联网信息技术的发展，新媒体也得到了快速的发展。近年来，大学生的心理问题越来越突出，引起了高校对大学生心理健康教育的高度关注。大学生心理健康教育开始普遍走进大学课堂，成了高校大学生的必修课程。针对高校少学时的心理健康教育课程教学设置无法满足大学生心理健康发展现实需要的现状，在日常生活中，除了教师教授心理健康知识，很多高校也开始结合新媒体的发展，利用微信公众平台的优势，向学生普及大学生心理健康知识，为大学生心理健康教育提供了新的理念，开创了新的平台。

据微信公众平的现有功能可知，目前的微信公众平台主要有订阅号微信公众平台、服务号微信公众平台和企业号微信公众平台三种服务版本。其中，订阅号微信公众平台主要用在传播信息方面，服务号微信公众平台主要对用户进行跟踪服务报道，企业号微信公众平台注重企业日常生产与管理。就大学生群体而言，订阅号微信公众平台是大学生心理健康教育的首选平台。因为订阅号微信公众平台的群发推文、自动回复和一对一交流三大功能能让大学生心理健康教育产生最佳的效益。其中，订阅号微信公众平台的群发推送功能就是平台可以每天不定时向关注者发送一条心灵鸡汤，关注者在收到消息后可以自己慢慢品读理解。若是高校能充分利用该项功能，就可以每天向学生关注者发送一条与心理健康教育相关的心灵鸡汤，让关注者感受到心理健康教育处处在身边，从而打破心理健康教育只有心理健康节才重要的现象。自动回复功能就是平台作者通过编辑回复内容，作为自己与关注者互动时自动回复的消息，当关注者的言论符合自动回复的要求时就会收到相关的回复。若是高校能充分利用该功能，就可以将自动回复的功能应用在心理健康知识查询项目服务之中。一对一交流功能就是平台作者向关注者解答相关的心理困惑时显示出来的功能。若是高校能充分利用该功能，便可以更加方便地加强学校心理咨询师与有心理咨询需要、但是又碍于面子不敢到心理咨询室来的同学之间的交流。一对一交流功能使得心理老师可以通过后台及时答惑解疑，开辟了网络心理咨询的新天地。新媒体的这些功能与特性使得新媒体能够成为大学生心理健康教育的"心"出路。

三、微信公众平台对大学生心理健康教育的"心"意义

互联网技术的快速发展，为高校学生心理健康教育工作注入了"心"的活力。在新媒体环境下，微信公众平台与大学生心理健康教育是密切关联的，其自身的特性决定了

它有助于促进大学生心理健康教育知识的普及，有助于促进大学生心理健康教育水平的提高。新媒体内容是相当丰富的，使用起来很方便，在读者与作者双向互动方面起到了很好的教育效果。另外，新媒体的发展也打破了大学生学习时间与空间的限制，他们随时随地都可以通过自己关注的相关新媒体得到所要了解的信息，这样更方便了学生主动学习。作为新媒体之一的微信公众平台也反映了这些特性，开发与运行网络心理健康教育微信公众平台，能够很好地利用其优势，积极宣传心理健康知识，能够持续不断地促进大学生的心理健康。高校利用微信平台这一技术手段，既可以及时了解大学生的心理健康动态，搭建与学生之间的广阔交流平台，也极大丰富了大学生心理健康教育的内容。概而言之，微信公众平台对大学生心理健康教育的意义主要表现在以下几个"心"方面。

（一）通过微信平台发现"心"需求

高校在微信平台运用中期，可以向学生分发《大学生心理健康教育新媒体平台的使用情况》调查表，通过微信平台投票管理直接推送，可以发现高达百分之多少的学生认为新媒体对于自身心理健康教育起着较好的积极作用；百分之多少的学生表示新媒体没有多大作用；百分之多少的学生不支持新媒体心理健康教育的方法；百分之多少的学生认为在日常学习与生活中，当遭遇挫折压力的时候，寻找心理咨询师进行开导是宣泄情绪、缓解压力的良好途径；百分之多少的学生认为，当遭遇挫折压力的时候，可以直接寻求心联委员的帮助；百分之多少的学生认为情绪问题咨询至关重要；百分之多少的学生认为人际关系问题咨询至关重要。从而从整体上了解与把握学生的"心"需求。

（二）通过微信平台普及"心"知识

高校通过微信平台，可以向学生及时推送有深度、有温度的心灵文章，通过阅读增加学生的心理健康知识，提升学生的心理健康水平。高校微信平台可不定期推送心理相关栏目，推送内容围绕"学习、情绪、人格、自我评价、人际交往、恋爱、网瘾、求职就业、团队合作"等九大主题，开展关于"学习困难、厌学、偏科、躁狂、抑郁、焦虑、偏执、敏感、多疑、自卑、人际紧张、失恋、网瘾、就业迷茫、就业压力、团队松散、团队凝聚力不足"等问题的系列心理知识辅导，旨在发挥心理健康教育的心理疏导功能，帮助同学们了解自己的内心，把看不见的心理展现在自己面前，为同学们带来启迪和感悟，满足多层次学生需求，消除学生心理困惑。同时，高校通过微信公众平台可以向全校学生推送优秀心理书籍、经典心理影片，以及温馨心理小贴士等，传播心理健康知识。

（三）通过微信平台宣传"心"活动

高校可以坚持"三度"与"三结合"理念与原则，即新媒体微信公众平台有高度、有深度、有温度，将微信新媒体平台文化建设与大学生心理健康教育紧密结合，将微信新媒体平台内涵建设与学生积极反馈紧密结合，将微信新媒体平台心理专业特色建设与实践育人紧密结合，大力宣传心理健康实践育人活动。如在实践活动方面，可以实施阳光心理文化工程，形成"一个体系""两项行动""十个一项目"的总布局，"一个体系"

即"健康教育、实践活动、咨询服务、危机干预"四位一体的心理服务格局,"两项行动"即"春蕾"行动与"秋阳"行动。"春蕾"行动以 5.25 心理健康教育月为契机,以系部为核心,融思想引领于心理健康教育之中。按照"五个一"项目的整体布局思想实施"春蕾"行动,协调推进阳光心理文化工程。"春蕾"行动"五个一"项目即举办一次心理情景剧,开展一次"情绪与压力管理"沙盘团体辅导,开展一系列心灵讲堂,举办一场趣味心理知识竞赛,举行一次心理征文比赛。"秋阳"行动则以阳光心理文化节为契机,以班级为重点,发挥心理的育人功能。按照"五个一"项目的整体布局思想实施"秋阳"行动,协调推进阳光心理文化工程。"秋阳"行动"五个一"项目即举办一次阳光心理趣味运动会,开展一次"人际关系"沙盘团体辅导,开展一系列阳光心理志愿服务活动,举办一场阳光心语书签展,举行一场阳光心理故事汇。

(四)通过微信平台建设"心"桥梁

高校可以大力推动新媒体平台建设工程,积极增强大学生心理健康教育的使命感与时代感。可以充分利用平台群发推送、自动回复、一对一交流等功能实现和特定群体进行沟通交流。同时,也可以为学生提供倾诉情感、讨论心理话题及心理咨询的平台,开设"扫码预约"和"树洞氧吧"等专栏。通过这些渠道,学生可以匿名参与互动,通过微信平台向咨询师留言,大胆讲出自己的心理困扰,满足学生自我表达的需求,有效建立心理咨询、心理交流与心理沟通的平台,搭建心理健康教育的"心"渠道。

四、微信公众平台在大学生心理健康教育中的"心"运用

网络心理健康教育微信公众平台具有互动的功能,在网络心理健康教育微信公众平台的互动交流当中,学生心联干部往往扮演的是朋辈辅导员的角色,他们渴望锻炼自己的能力,渴望倾听求助者的声音,渴望做求助者的知心朋友。网络心理健康教育微信公众平台擅长通过微信朋友圈来推文,以便让更多的大学生能够在迷茫时看到心灵鸡汤,扩大了教育的广泛性,平台能够了解朋辈生活的点点滴滴,使得朋辈之间相互支持、相互帮助。在校大学生一旦出现心理问题便可上网络心理健康教育微信公众平台寻求心理援助。网络心理健康教育微信公众平台具有人际交流的优质性特点,加强了教师与学生、学生与学生之间的沟通与交流,拓宽了同学们之间的交往空间、避免了同学们面对面交流隐私的尴尬,加速了网络心理健康教育朝着专业化方向发展的步伐,从而优化了高校学生的心理健康教育工作。

(一)微信公众平台的模块设计

网络心理健康教育微信公众平台的模块设计顺应了大学生的学习兴趣,也具备了一定的专业性和教育性,网络心理健康教育微信公众平台的模块设计与学校心理健康教育工作紧密结合,推动了心理健康教育的健康和谐发展。

建构三大模块。微信公众平台主要包括三个模块,每个模块由五个项目组成。一个

模块是心理中心，主要有中心简介、咨询师、校心联部、同辈热线、心理协会；一个模块是心理服务，主要有健康教育、实践活动、咨询服务、预防干预、科学研究；还有一个模块是心理预约，主要由预约方式、个体咨询、团体辅导、沙盘疗法与催眠术构成。其中，"心理知识"主要普及学习、人格、情绪、自我评价、网络依赖、求职迷茫、人际困难、恋爱心理等常识与技巧；"心理技能"主要普及一些心理调节方法，如冥想放松、呼吸放松、打坐等方法；"心理动态"主要反映一些心理新闻；"认知测量"主要测量大学生的智力、创新力等认知因素；"情感测量"主要测量大学生的焦虑、抑郁等症状；"行为测量"主要测量大学生的学习行为、反社会行为等。小心系列品牌板块，"小心说事"主要是分析社会的心理热点案例，并进行深入分析；"小心拾贝"主要是报道心理教育系列活动与心理素质拓展活动；"小心专论"是发布一些心理学研究成果等。

融合五大任务。心理健康教育工作包括心理教育授课、心理咨询、心理健康教育活动、心理危机干预、心理骨干培训等几个方面，网络心理健康教育微信公众平台模块的设计思路尽量与这几类工作相结合。一是心理授课模块。心理教育授课主要由心理咨询中心专职教师与系部辅导员承担，网络心理健康教育微信公众平台通过心理知识来解释与补充老师们的授课。二是心理咨询模块。网络心理健康教育微信公众平台是一个心理咨询的平台，通过认知测量、情感测量，以及行为测量让学生了解自己心理状态，并根据测量的结果来预约心理咨询师。三是心理健康教育品牌活动。学校组织的全校性的心理情景剧表演、心理社团学生活动每周开一次讲座等，网络心理健康教育微信公众平台通过小心拾贝来跟踪报道。四是心理危机预防与干预。网络心理健康教育微信公众平台通过心理技能为学生建立完整的心理危机预防与干预知识库，供在校大学生了解与运用。五是心理骨干培训。网络心理健康教育微信公众平台通过心理动态传递学校心联部干部的培训动态，对培训的内容做跟踪报道与解析。

（二）微信公众平台的对象拓展与团队建设

以一带十扩大服务对象。在网络心理健康教育微信公众平台的建设初期，关注人数比较少，关注人群还都是学校学生会、学生团委干部，而到了中期，因大型心理健康教育投票活动要在平台上进行，关注人数会瞬间爆棚，其中或者不乏外校的大学生。这种以一带十的教育对象拓展方式有效扩大了网络心理健康教育微信公众平台的服务人群，那些稳定下来的关注人群是心理健康教育的有效对象，有利于学校大学生心理健康教育知识的传播，有助于促进大学生心理健康教育水平的提高。

以老带新培育管理团队。在平台运用的团队建设方面，网络心理健康教育微信公众平台主要由学生干部来负责管理，平台运用的团队建设采用老带新模式，即让老一批学生骨干培训新一代学生干部，推动平台团队的可持续发展，这样的团队建设模式形成了网络心理健康教育微信公众平台建设的整体思路。由于网络心理健康教育微信公众平台具有操作性强的特点，故而，在网络心理健康教育微信公众平台的建设初期，学校为平台运营学生干部提供了较多、较好的操作培训机会，培训者为专业教师训练有素的上届学生干部。心理干部可以充分利用自己的经验和网络资源，不断促进平台的创新建设与发展，充分利用壹心理、525心理健康教育网等第三方平台来提升大学生心理健康教育选文的吸引力。

（三）微信公众平台网络心理健康教育的效果分析

网络心理健康教育微信公众平台集教育性、管理性与服务性于一体，具有良好的教育功能。

助人氛围形成。网络心理健康教育微信公众平台以各式各样的大学生心理健康内容为建设重点，积极构筑了心理教育授课、心理咨询、心理健康教育活动、心理危机干预、心理骨干培训等几个方面的内容体系。网络心理健康教育微信公众平台中推送的经典好文与当下的社会主义核心价值观是密切相关的，很容易被广大大学生接纳，这样可以使平台的心理知识教育成为大学生获取正确价值观的重要依托。网络心理健康教育微信公众平台为广大在校学生学习心理健康知识提供了较好的平台，通过平台，广大大学生了解到了外界更多的心理正能量，帮助学生健康成长，促使学生助人自助。

总而言之，在微信公众平台环境下，网络心理健康教育渐渐成了大学生依赖的新型教育方式。微信公众平台的普及应用，改变了以往大学生心理健康教育仅仅靠单纯课堂说教的模式，让在校大学生逐渐掌握了心理学习的主动权，微信公众平台的发展使得大学生心理健康教育的方式更加新颖，使得大学生心理健康教育的渠道更加宽广。

第二节 "互联网+"背景下心理健康教育课程体系的构建

地方院校大学生心理健康教育课程体系的构建由于受到各种条件的限制，一直未能取得良好效果。而互联网的发展会给大学生的心理健康产生潜移默化的影响，因此，在当前"互联网+"的时代背景下，构建大学生心理健康教育课程体系尤为重要。本节将较为详细地阐述地方院校大学生心理健康教育课程中存在的具体问题，并对具有本校特色的"五结合"心理健康教育课程体系进行总结，希望能为进一步提高地方院校课程的科学性和实效性提供借鉴。

在高校心理健康实际工作中，心理健康教育课程覆盖面广、实效性强，对培育大学生的健康心理至关重要。随着互联网的发展与进步，构建大学生心理健康教育课程体系显得尤为重要。自2014年开始，面对"互联网+"的大背景，笔者所在院校在大学生心理健康教育课程上做出了一定程度的改革与创新，构建了具有本校特色的心理健康教育课程体系，为进一步提高地方院校课程教学现代化水平提供了参考。

一、地方院校大学生心理健康教育课程体系存在的问题

（一）课程内容缺乏实操性

"互联网+"背景下的地方院校大学生心理健康教育课程的教学内容大多注重对学生进行理论知识的普及，注重提升大学生的自我心理调适能力。前者属于陈述性知识，如大学生心理健康标准、常见心理困惑等；后者属于程序性知识，主要包含情绪管理、人际交往等内容。虽然教学内容涉及相关专题操作的步骤，但学生要如何根据自己的实际情况，将理论运用到生活中，还缺乏相应的指导。而且由于课程内容未融入互联网因素，忽视了"互联网+"背景下，互联网对当代大学生心理健康的影响。

（二）教学模式相对单一，缺乏灵活性

地方院校大学生心理健康教育课程的教学模式最主要的表现形式就是心理学科课程，几乎没有培养学生心理逻辑方面的内容，课程模式缺乏一定的灵活性。另外，学生参与度较低也是满意度不高的原因之一。而且互联网是与当代大学生生活与学习息息相关的工具，高校心理课程教学中也应将互联网的优势最大化。因此，大学生心理健康教育课程中的教学模式应该遵循专业化、多样化的原则，积极使用互联网教学，增强课堂的趣味性。

（三）教学方法偏重讲授式，不够多元化

在"互联网+"的时代背景下，地方院校大学生心理健康教育课程的教学方法仍然采用传统的讲授式。近几年，虽然多媒体教学逐渐走入大学课堂，但模式仍然僵化，学生只是跟着课件走，师生互动不足。研究表明，在案例分析、小组讨论、团体活动、教师讲授等众多教学方法中，偏向于选择教师讲授的大学生比例最低。研究者们也更提倡采用心理拓展训练、心理戏剧、课堂心理测验等多元化方式进行教学，以提高学生学习的主动性。

（四）教学管理投入不足

我国相关部门明确规定，地方院校应该积极把大学生心理健康教育课程纳入高校的教学计划和培养方案中。同时，由于我国高校心理健康教育在师资力量方面比较薄弱，所以迫切需要加强我国高校的心理健康教育教师队伍建设。除此之外，地方院校还存在"教师欠缺培训""学校不重视"等问题，由此可见地方院校对该学科建设的重视程度不足。另外，大学生心理健康教育课程本身具有特殊性，需要任课教师具备相应心理学知识背景。在互联网高速发展的时代，需要进一步加强大学生心理健康教育。在当前这个互联网高速发展的时代，教师完全可以通过各种途径提高自身素养，使自己在专业课程领域得到成长。

三、"互联网+"背景下地方院校大学生心理健康教育课程体系的构建

（一）注重预防、矫治心理问题与提升心理健康素养的有机结合

在心理健康课程目标的设置中，我们应重视加强心理问题的预防和矫治。要通过一系列专题课程教学，让学生系统地掌握预防心理问题的知识，做到"防患于未然"。除此之外，高校还应重点提升大学生的心理素质，提升大学生的心理健康素养，培养大学生积极向上的心态。与此同时，还须教会大学生正视心理问题，提高其解决心理问题的能力，让大学生拥有健康、良好的心理素养。

（二）注重理论教学与实践环节的有机结合

在教学内容的设置中，一方面，我们要加强心理健康理论知识的系统化教学，采用必修课和选修课相结合的方式，让学生系统地学习、熟练地掌握相关心理健康知识，帮助学生理解心理健康知识，培养其灵活运用知识的能力。另一方面，我们要注重加强实践环节的设计和实施。这些实践活动既有心理游戏，也有感悟分享，还有实践体验，目的是让学生学会运用心理健康知识分析、解决自身问题。

（三）注重线下课堂教学与线上自主学习的有机结合

在"互联网+"背景下，高校在课堂教学中融入互联网因素十分必要。在心理健康教育课程的教学方法中，积极开展认知性课堂教学，应以从激发兴趣到形成能力、从自主互动到合作探究、从能力拓展到素质提升的思路去传授知识。除此之外，要积极引导学生利用课余时间，借助互联网的丰富资源展开学习，拓宽视野，培养自学能力，提升心理素质。互联网具有显著的开放性与共享性，大学生可以通过互联网查询自己想要了解的内容，同时高校教师要给予及时正确的引导，用互联网辅助教学。高校教师也可以利用互联网上丰富的教学资源开发新的心理教育课程，为心理教育课程体系的构建贡献自己的一份力量。

（四）注重专职教师能力提升和兼职教师素养提升的有机结合

我国地方院校的心理健康教育教师必须具备坚实的理论基础、娴熟的教学技巧、深厚的咨询功底、良好的人格品质，这样才能培育大学生树立正确的心理健康观念。高校心理健康教师队伍一般采用专职教师和兼职教师相结合的模式，因此一方面要完善教师任用机制，对教师的选拔、培养、使用和考核环节严格把关，构建高标准、高素质的教师队伍。另一方面，要注重教师队伍的专业培训，着力提升心理健康实务工作的能力和素质。还要建立激励机制，提高教师的身份认同感和自我价值感，打造一支业务精湛、师德高尚、结构合理、充满活力的心理健康教育专业化师资队伍。不管是专职教师还是兼职教师，都应该充分利用各种渠道提高自身的专业素养，使"互联网+"背景下高校大学生的心理健康教育得到进一步加强。

在"互联网+"这一时代背景下,社会是瞬息万变的,大学生心理健康教育课程体系的构建同样也是一个随时代变化的动态发展过程,因此大学生心理健康教育课程体系的构建应该紧跟时代的步伐,不断地发展与完善。在教学模式上,要充分发挥隐性课程的作用,达到"润物细无声"的效果;在教学方法上,要充分结合互联网中丰富的教学资源,让互联网走进心理教育课堂,增强课堂的趣味性。总的来说,心理健康教育课程对大学生的心理健康起着极其重要的作用。因此对大学生心理健康教育课程体系的构建,一定要结合时代特点和大学生本身的特点大胆地改革与创新。最后,在高校教学中要发挥出互联网的优势,争取发挥最佳的课程教学效果。

第三节 "互联网+"背景下大学生心理健康教育模式建构

"互联网+"背景下对高校心理健康教育工作提出了新的挑战和新的机遇。科学总结互联网背景下高校心理健康教育的新特点,准确把握大学生心理健康教育的规律,遵循以人为本、因材施教、发展性、全体性的心理健康教育原则,从教育队伍、教学资源、教育理念、网络优势等方面建构大学生心理健康教育的新模式,提高当代大学生的心理健康水平,促进他们成为能担负起民族复兴伟业的时代新人。

随着信息技术的迅猛发展和广泛应用,互联网已经成为社会生活中不可或缺的基础性构建,正以前所未有的发展速度影响着人们的求知路径、思维方式和价值观念。大学生最具活力、最富求知欲,是互联网的热衷者和实践者,在互联网应用方面发挥着主流作用。互联网在给大学生带来生活便利、言论自由的同时,其负面效应也日益凸显,极大地影响着大学生的思想、行为、人际关系等心理健康的方方面面。

一、互联网对大学生心理健康的主要影响

海量异质的网络资源构成了独特的网络文化与网络环境,极大地扩大了大学生获取信息资源的途径,丰富了他们的学习和生活,也改变着他们的认知水平、思维方式和行为方法,影响着他们的心理健康状况。具体来说,互联网对大学生心理健康的影响主要有以下方面:

网络信息的多样性对大学生认知水平的影响。网络信息的多样性极大地拓展了教育资源,丰富了教育内容,创新了教育形式,形成了有利于社会主义教育的教育合力。同时,在网络空间里,多种价值观念大量涌现和并存,不同社会思潮相互交错、相互激荡,大量含有色情、暴力、恐怖等内容的不良信息屡禁不止并且越演越烈,使大学生的身心健康受到严重威胁。特别是某些西方国家和反动人士借助网络信息平台向我国传播、输入某些不利于我国社会主义建设的反动言论与价值观念,不同程度地影响了我国大学生

的健康成长。在我国，绝大多数的大学生是处于青年中期(18—24岁)这个年龄阶段。在这个阶段，个体生理机能已接近完成，其文化素质、知识水平不断提高，自我意识也逐渐增强，对外界事物有着自己独特的见解，但受心理发展不成熟、社会阅历不丰富、社会实践能力不强等因素的制约，他们对外界信息充满好奇，缺乏理性的思考和辨别，容易受到不良信息的蛊惑，某些辨别能力不强的大学生容易在思想上遭受各种精神垃圾的侵染，导致其价值取向紊乱、道德认知混乱。

网络交往的开放性对大学生人际关系的影响。网络环境的开放性与网络主体个性化、去利益化，使得大学生放下心中戒备，大胆向网络世界的交往对象倾诉秘密、吐露心声、诉说苦闷等。从这一方面来看，这有利于大学生发泄心中不良情绪、排解内心压力，同时也有利于促进大学生积极情绪的培养、健康人格的养成。然而，网络空间毕竟是虚拟的，依附于网络的人际交往也必将带有虚拟的特点。而大学生对生活充满激情与活力，正处于情感丰富的阶段，价值观念尚不平衡、不稳定，时常处于波动、迷茫与抉择之中，情绪变化起伏很大，难以理性对待现实世界与虚拟世界中的人际关系。如果大学生长时间沉溺于网络交往，对现实的人际交往缺乏激情，往往会导致其在现实生活中陷入孤立无援的境地，诱发如孤独、苦闷、悲观、孤僻、忧虑、多疑等心理问题。

网络环境的虚拟性对大学生行为方式的影响。环境是人赖以生存和发展的各种因素的总和，主要包括自然环境和社会环境。人的生存和发展，人的思想、行为与心理的形成与发展都与环境密切相关。正如马克思所说，"环境的改变和人的活动的一致，只能被看作并合理地理解为变革的实践""人创造环境，同样，环境也创造人"。人们所处的时空环境影响人的心理和行为模式的产生，反之，人的心理与行为也会促进网络时空虚拟环境的形成。大学生正处于人生观、价值观、世界观形成的关键时期，心理发展还不成熟，人格发展还不完善，思维能力以及社会实践经验还不丰富，极易受到外界环境的干扰。在崇尚主体个性化、追求主体自由化的时代，虚拟网络在一定程度上增强了大学生的自我意识，丰富了他们的情感，张扬了他们的个性，但这不意味着大学生人格发展的优化与心理发展的成熟。相反，过度自由的网络世界会让部分自我约束力不足、自律意识淡薄的大学生滋生出某种为社会主流意识形态所不相容的心理与行为模式，从而忽视社会规范和道德准则的制约，在行为上表现出极大的放纵和随心所欲，在认知上混淆现实世界与虚拟世界，进而产生严重的心理变态和行为偏离问题。

二、互联网+背景下大学生心理健康教育的显著特点

很多技术都是"双刃剑"，互联网同样如此。因此，在互联网背景下，准确掌握大学生心理健康教育的特点，洞悉网络心理健康教育的形成和发展规律，防止并尽可能缓解网络对心理健康教育的负面影响，引导大学生充分利用网络资源优势培养积极的心态、塑造健全的人格，增进心理健康，这对大学生心理健康教育具有巨大的现实意义。

网络突破了时空界限，加速了信息传递，拓宽了教育渠道。互联网背景下的心理健康教育打破了传统心理教育的时空界限，为教育双方提供了可以随时随地交流和沟通的平台。教育双方可以随意选择交流时间，通过网络视频、QQ、微信、微博等方式进行交流。同时，网络技术的发达性与先进性，可以记录和保存双方交流的内容，教育工作者可将相同或类似问题集中归档，建立学生心理信息资源库，并在实践教学中进一步扩充。此外，还可以利用丰富的网络教育资源，拓展教育渠道，利用网上咨询工作室、心理教育模拟情景剧、心理知识学习库等，向学生传播心理健康知识，引导学生了解自己的心理状况，及时化解心理问题，从而树立正确的价值观念，增强心理健康素质。

网络拓宽了教育资源，形成了教育合力，提高了教育效率。网络整合了大量的心理健康教育资源，扩大了心理健康知识信息库，丰富了心理健康教育知识，满足了学生的信息需求。在网络空间中，大学生可以根据喜好与兴趣选择自己需要学习的心理健康知识，积极进行自我教育与自我反思；教师也可以借助QQ、微信、微博等方式与学生共同商讨在学习和社会生活中遇到的困惑，在沟通过程中普及心理健康知识，疏通学生的心理烦恼，帮助学生解决心理问题与心理困扰，从而形成有利于心理健康教育的有效合力，提高教育效率。

网络调动了教育主体的积极性，创新了教育方式，发展了教育理念。互联网背景下，可以采用图片、文字、音乐、影像、动画等相结合的方式，以学生喜闻乐见的形式传播心理健康知识，这样可以极大地调动学生学习的积极性。同时，网络教育资源丰富、视野开阔，便于高校教育工作者开展心理健康教育实证调查研究和分析，及时、全面了解学生的心理状况，从而在线上线下开展有针对性的心理健康教育，实现线上线下教育同步进行，弥补现实教育的不足。此外，教育工作者在网络教育的过程中，要充分利用网络的便捷性、平等性、互动性等特点，积极引导学生进行自我教育，发展自助助人的教育理念，提高教育的实效性。

网络扩大了交往范围，传递了心理动向，增强了预警功能。在互联网背景下进行心理健康教育，可以通过全方位、多层次的信息传输扩大学生的交往范围，增加学生与外界交流的机会，为广大学生特别是性格内向、羞于言谈、社交能力较弱的学生提供思想交流和人际交往的平台，突破了现实心理健康教育的局限。同时，教育工作者借助网络的虚拟性、匿名性、开放性等优势，以朋友的身份与学生进行平等、自由的沟通，在交流的过程中能及时准确地掌握学生的心理动向，了解学生的心理状况，及时化解、有效预防学生的心理困扰，从而增强学校对学生心理问题的预警功能。

网络注重私密性，满足了心理需求，激发了教育活力。网络的虚拟性、匿名性满足了大学生注重保护隐私的心理需求，建立了师生之间相互信任的心理基础，使得学生愿意放下心中顾虑，在宽松、平等、自由的环境中展现自我、发挥个性，直抒心中苦闷之事，畅所欲言，大胆地将自己的真情实感流露出来，从而为教师有针对性地开展工作创造了条件、激发了教育活力。

三、"互联网+"背景下大学生心理健康教育的基本原则

网络心理健康教育是一种以心理健康教育的基本理论和操作规律为指导、以互联网为依托的全新模式和理念，是心理健康教育适应时代发展的产物，是心理健康教育发展和创新的具体体现。因此，只有坚持一定的教育原则，采用科学的态度与方法，才能取得预期的效果。

坚持以人为本原则。以人为本原则在高校心理健康教育领域的本质在于突出人的发展，把人看作具有独特个性的个体和特定思维的主体，注重启发学生的内在需求、疏导学生的心理困惑、排解学生的学习压力、引导学生的正确行为，激发和调动他们学习的积极性、主动性和创造性，使他们将心理健康教育的积极影响主动内化于心、外化于行，逐步形成健全的人格和过硬的心理素质，最终达到健康成长、全面成才的目的。

坚持因材施教原则。每个学生都具有自己独特的个性特点，拥有不同的家庭环境、人际关系、情感需求、认知水平和价值观念等。因此，坚持因材施教原则，教育者首先要树立"因材施教"的教育理念，重视个别差异，根据学生的不同心理发展特点和身心发展规律，选择恰当的教育方法对其进行有针对性的心理健康教育，从而促进学生的全面发展。

坚持发展性原则。首先要认清大学生心理健康问题的形成是一个发展的动态过程，要用发展的眼光来看待大学生的现在、比较大学生的过去、预测大学生未来可能出现的心理问题，弄清大学生心理健康问题的来源及可能发展的方向，进而对其给予针对性的心理疏导和人文关怀，预防某些心理问题乃至精神疾病的产生。同时，要认识到大学生的成长也是一个发展的动态过程，用发展的眼光看待大学生，帮助他们树立有价值的生活追求，认清自身的潜力，充分发挥个人潜能。

坚持主体性原则。大学生的发展是一种主动的过程，外部施加的心理健康教育要引起大学生自身的改变必须先引起大学生主体的心理矛盾，这样才能使其获得发展。若大学生没有主动学习与主动发展的意识，那么心理健康教育就没有意义。因此，坚持主体性原则，必须从大学生的实际情况出发，以提高大学生的心理素质、促进其人格健全发展为目的，激发他们学习的兴趣，鼓励他们进行自我教育，引导他们自己去思考、比较、分析问题，最终实现"助人自助"。

坚持全体性原则。首先必须认识到心理健康教育的实践活动是针对全体学生，是为了解决学生中普遍存在的一些问题，以提高绝大多数甚至全体学生的心理健康素质而开展的。同时，还需认识到世界是普遍联系的，大学生群体之间是相互连结、相互影响、相互作用的，若只针对某部分学生进行心理健康教育，而忽视大多数正常的学生，让大学生中普遍存在的问题继续发展蔓延，最终将无法提高全体学生的心理健康水平、增强全体学生的心理素质。

四、"互联网+"背景下大学生心理健康教育的模式建构

在网络心理问题频发的今天,网络心理健康教育已然成为高校大学生心理健康教育的一个重要组成部分。高校心理健康教育工作者要认清互联网新环境对大学生的影响,利用互联网的优势,积极探索开展大学生心理健康教育的新思路与新方法,努力建构大学生心理健康教育模式,引导大学生成长为能担负民族复兴伟业的时代新人。

贴近学生需求,打造专业化、现代型的心理健康教育工作队伍和服务网络。在"互联网+"背景下,面对网络心理问题频发等新情况,建立一支适应新情况、新问题、新要求的新型专职化、专业化和专家化的教育工作队伍,构建一个大学生心理自助互助的网络体系迫在眉睫。

首先,培养一批专业化的心理健康教育专业人才。他们不仅要具备雄厚的专业知识、理论基础以及实践能力,还要掌握新型的网络电子信息技术,学会利用网络资源与网络技术及时了解学生的心理发展状况,分析学生的心理问题,全面准确地掌握学生的心理动向,并将掌握的网络信息技术熟练地运用到心理健康教育实践中去,使心理健康教育不仅专业、生动,而且富有精准度、感染力与实效性。

其次,建立一支以专为主、专兼结合的相对稳定的心理健康教育工作队伍,将高校辅导员纳入心理健康教育工作体系中来。高校辅导员具备一定的思想政治教育知识,又从事着最贴近学生学习、思想等方面的工作,是最接近学生的群体。因此,高校应加强对辅导员队伍进行心理学、精神医学、心理咨询学等专业知识的培训和指导,使之制度化;同时还要经常性地开展业务咨询等实践活动,提高他们的实践水平,推动理论与实践的结合,充分发挥他们在大学生心理健康教育中的作用。

最后,构建一个以网络平台为载体、以教师为主导和以学生为主体的大学生心理自助互助的网络体系。高校应当依托高校心理健康教育管理指导中心,立足院、系大学生心理健康辅导工作室,着眼班级干部的朋辈心理健康教育小组,建立三级心理健康教育工作体系。通过对学生成员进行一系列心理健康知识和心理咨询技能的培训,开展网上心理辅导等心理互助活动,让学生切身体验心理健康的重要性,改变学生对心理健康教育的偏见,提高学生参与心理健康教育活动的积极性、主动性,从而发挥朋辈心理咨询与辅导的积极作用,帮助他人走出心理困境。同时提高自我认知和自我调节能力,最终实现自助互助的目的。

利用网络优势,建立全方位、多层次的心理健康教育教学体系和活动体系。网络具有超越时空界限、扩大交往范围、集合教育资源、注重私密性、激发学生积极性等特点。高校应充分重视并利用网络的这些特点和优势,整体规划,稳步推进,逐步建立一个全方位、多层次的网络心理健康教育教学体系和活动体系。

首先,建立满足大学生信息需求的、富有吸引力的学习网站。网站采用分层设计,

既要有满足学生信息需求的各类心理书籍、心理自救常识、具有积极意义的心理健康服务类网站等，又要有如观看寓教于乐的经典心理影片等活动，使学生在获得心理健康知识的同时，加深对自己生命价值的把握。同时，根据不同大学生身心发展的特点，开展各类网上调研和网络心理测试等，科学测评大学生的心理状况，准确把握大学生的心理动态，引导大学生的心理与行为发展方向沿着符合社会规范和道德要求的轨道前进。网站页面要富有青春活力，能够吸引学生眼球，从而调动学生积极参与，提高网站的点击率与利用率。

其次，开设专业、生动、规范的网络心理健康教育课程，以关注大学生的心理健康状态和心理健康成长为焦点践行积极性教育。大学生心理素质的提高离不开相应的心理学、医学、卫生等专业知识的掌握。因此，高校可以采用图片、文字、音乐、影像、动画等多种方式，结合案例教学、心理健康知识讲座等专业课程，制作专业、生动、富有感染力的教学课件或选用权威的、规范性的教学课件，开设适合大学生身心发展规律的网络心理健康教育课程，并给予相应的学分，支持、鼓励、引导大学生根据自己的心理需要、兴趣偏好，有选择地加以学习，获取心理健康知识，增强自我教育能力，提升心理健康教育的教学效果，促进大学生心理素质的优化。

再次，开展各类具有科学性、实用性、专业性的网络心理咨询。网络心理咨询就是指心理咨询的专业人员，利用计算机网络的开放性、匿名性、及时性等优势，向具有心理困惑、心理矛盾、精神痛苦等问题的来访者提供心理上的帮助的过程。网络心理咨询超越了时空的限制，避免了现实咨询中的尴尬困境，操作性较强。大学生可以根据自己的实际情况，自主选择咨询方式，可以进行团体咨询或者个体咨询。通过网上咨询，能及时帮助大学生摆脱心理困境，走出心理阴霾，克服情绪障碍，从而纠正认知偏差与不良行为，形成正确的人生观、世界观与价值观。

最后，构建大学生心理咨询反馈系统，建立学生心理信息资源库。高校心理健康教育工作者可以借助网络心理咨询平台，利用电子邮箱等方式，构建大学生心理咨询反馈系统，使学生可以就自己的学习感悟、疑惑或问题、意见等进行留言咨询，把自己的思想用文字表达出来。同时，还可以将留言或咨询过程中相同或类似的问题集中归档、集中整理，建立学生心理信息资源库，从而有利于高校从全体学生的角度把握大学生的个性心理特点和心理健康状况以及大学生的心理素质状况，有利于高校心理咨询与辅导机构与学生工作部门、学生心理咨询团体之间建立起高效、便捷的心理信息沟通与反馈机制，也有利于高校制订切实可行的心理健康教育计划。

更新教育理念，整合传统教育与网络教育优势，发挥心理健康教育与思想政治教育的合力。

首先，更新教育理念。高校心理健康教育工作者要明确大学生心理健康教育是一门具有特定规律和特点的学科，是一项根据大学生身心发展特点，有针对性地对大学生的情感、认知、行为等方面进行疏导和教育，以提高全体学生心理素质的实践活动。在互联网背景下，高校心理健康教育工作者应牢固树立终身学习的理念，坚持理论与实践相结合的原则，积极研究与探索，不断解决其发展过程中出现的新问题、新情况，不断探究其发展规律，从而构建大学生心理健康教育的新模式。

其次，整合传统教育与网络教育优势。利用网络信息技术对大学生进行心理健康教育具有加速信息传递、拓宽教育渠道、整合教育资源、提高教学效率等优势。同时，在构建网络心理健康教育新模式时，应充分考虑不同学生的心理发展水平以及心理问题发展程度，选择不同的心理咨询与辅导方式，将网络咨询和辅导与传统心理健康教育相结合，实现二者的优势互补，不断促进心理健康教育工作的发展，创造更大的心理健康教育价值，最大限度地满足大学生心理健康的需求。

最后，要充分发挥心理健康教育与思想政治教育的教育合力。心理是思想的基础，心理活动的发展方向制约着思想的发展变化，反过来，思想活动的发展变化也影响着心理活动的发展方向。换句话说，心理健康教育与思想政治教育是辩证统一的，两者虽存在差异，但相辅相成，共同促进着人的全面发展。大学生思想政治教育的根本任务是立德树人，旨在提高人们运用马克思主义改造社会的能力以及道德实践能力；心理健康教育则旨在通过运用心理咨询与辅导等方法，帮助教育对象摆脱心理上的亚健康状态，培育积极情绪与潜在品质，提高心理素质，促进身心全面发展。因此，高校在网络心理健康教育过程中要渗透思想政治教育的内容，综合运用思想政治教育方法与教育艺术和心理健康教育咨询与辅导技术，引导学生克服一些不健康心理和偏激的行为与观点，从而提高大学生心理健康的水平，形成正确的世界观、人生观和价值观。

第四节 "互联网+"背景下大学生网络心理健康教育机制

在"互联网+"背景下，大学生的心理健康会受到网络的深刻影响，如何在互联网大发展背景下提高大学生的网络心理健康水平，降低网络对大学生心理健康的危害是一个值得探究的问题。本节首先分析了"互联网+"背景下开展大学生网络心理健康教育的必要性，然后分析了"互联网+"背景下对大学生心理健康教育的影响，最后重点探究了"互联网+"背景下高校如何构建大学生网络心理健康教育机制，以期高校培养出更多高水平、高素质的综合型人才。

一、"互联网+"背景下开展大学生网络心理健康教育的必要性分析

（一）"互联网+"背景下的发展需要

随着互联网技术的快速发展及互联网+背景下的到来，在大学校园中数字化信息得

到了不断普及，这一发展变化深刻地改变了大学生的生活学习状态。大学生的认知行为向情感心理转变，学习研究向休闲娱乐发展。互联网的发展不仅对大学生有着强烈的吸引力，而且还会让他们感到心理上的困扰。单纯地应用传统的心理健康教育方式是无法解决当下大学生的心理问题的，反而会让大学生更加难以适应"互联网+"背景下的发展。因此，在"互联网+"背景下我们有必要对如何开展大学生网络心理健康教育进行探索，开辟新的教育方式以满足大学生的心理健康需求。

（二）解决大学生网络心理健康问题的需要

互联网环境是复杂的，许多安全保障机制是不健全的，大学生沉溺于其中很容易造成一定的心理健康问题。互联网对大学生容易造成以下几方面的心理健康危害：第一，容易让大学生发生角色错位，沉溺于"人机"交往而忽视人际交往；第二，容易让大学生发生人性异化，在人格结构方面更多地表现出数字化倾向；第三，容易让大学生出现自我迷失；第四，容易弱化大学生的道德自律，从而做出道德失范的行为；第五，容易使大学生沉溺网络无法自拔。因此，高校应采取有效措施避免这些问题的出现，加强对大学生的网络心理健康教育。

二、互联网+背景下对大学生心理健康教育的影响分析

（一）互联网+背景下对大学生心理健康教育的积极影响分析

在互联网+背景下开展大学生心理健康教育，从其积极影响来看主要包括两方面。其一，互联网的发展丰富了大学生心理健康教育的途径。当下高校的心理健康教育方式主要是课程讲授，并辅以心理咨询室、心理健康讲座等形式，整体上来说气氛较为呆板，形式较为单一。对于心理咨询室，学生一般是具有抵触心理的，他们去做心理咨询会受到其他人的嘲笑。而不管是心理讲座还是心理课，基本上都是教师给学生讲解一些基本的心理知识，学生并没有机会去主动探究心理知识并将其应用到实际生活中。但是互联网给了学生新的途径去表达自己的心理问题，还可以通过互联网去了解更多的心理学知识，对于在课堂中并未理解的知识，学生有了去深入探究的有效方式，互联网真正地丰富了大学生心理健康教育的途径。其二，互联网可以为学生提供丰富的学习资源。在课堂授课中，由于受到课时的限制，教师往往只能讲授一些心理学的基础知识，很难把知识应用到实际生活中。而且随着互联网的发展，学生获取知识的渠道日益丰富，视野日益开阔，导致课堂授课内容很难引起学生的兴趣。面对这一情况，教师可以充分利用互联网来丰富课堂授课内容，从学生的感兴趣的话题入手，通过理论与实际的相结合，提高学生对心理课学习的兴趣，提升心理课教学效果。

（二）互联网+背景下对大学生心理健康教育的消极影响分析

在互联网+背景下，互联网为大学生提供了丰富的有关心理健康的技能与知识，但

是互联网中也充斥着大量色情、暴力、反动等网络糟粕文化。而且大学生正处于人生观、世界观、价值观的形成时期，面对这些糟粕文化他们并不具备坚定且正确的选择倾向，往往是全盘吸收。所以，在互联网+背景下大学生十分容易受到网络中不良文化的影响，基于此，在这一时代背景下高校心理健康教育也面临着前所未有的挑战，肩负着更加繁重复杂的教育任务。互联网+背景下，高校的心理健康教育不仅要把书本中基本的心理健康知识教授给学生，还要帮助学生正确看待网络中良莠不齐的文化，教给学生如何在网络文化中取其精华去其糟粕，从而促进大学生心理的健康发展。

三、互联网+背景下高校如何构建大学生网络心理健康教育机制分析

（一）要明确大学生网络心理健康教育的目标

对大学生进行网络心理健康教育，就是把相关的心理健康理论知识、资源、信息、方法等运用大学生喜闻乐见的网络形式传递给他们，从而实现大学生心理健康教育的两个目标。其一，通过宣传、普及相关心理健康知识，帮助大学生增强心理健康保健意识，掌握一定的心理调节方法，在日常学习、生活中保持积极向上、乐观健康的心态，从而预防、控制、减少大学生出现心理问题与心理危机。其二，通过网络心理健康教育激发大学生的内在潜能。按照积极心理学的观点，每个人都拥有与生俱来的积极向上的潜能，而对大学生进行网络心理健康教育就是要激发大学生这种积极向上的潜能，促使大学生生命价值的实现。

（二）建立健全网络心理健康教育的引导与监管机制

在虚拟、自由的互联网中，学生很容易沉溺其中，如沉溺于网络游戏、网上购物、网络社交等，不仅会耗费很多时间，影响正常的学习生活，严重了还会出现由于自身随意的网络言行而弱化道德意识的现象。所以，开展大学生网络心理健康教育就必须建立健全网络心理健康教育的引导与监管机制，加强大学生的网络自律意识。其一，加强外部力量建设进行引导。高校需要建设一支具有熟练网络专业技术的心理健康教育师资队伍，可以灵活自如地通过网络与学生进行有效、及时的交流沟通，敏锐地感知学生心理动态，对于大学生在网络中的不良言行进行及时的监管、引导、干预，避免不良舆论的产生。其二，加强内部力量的驱动作用。大学生作为网络心理健康教育的主体，必须拥有一定的网络自律精神与能力，在使用网络的过程中养成良好的行为习惯，以内部力量驱动自己形成健康向上的网络心理。

（三）高校要积极营造健康向上的网络文化环境

在互联网+背景下，高校要综合运用多种社交平台，如微博、微信、QQ等进行校园网络文化的传播。可以通过视频、文字、语音、图片等形式在多平台实现全方位的互动、

交流，实现网络心理健康教育形式的创新。其一，高校坚持社会主义核心价值观的指导。与社会焦点相结合建设高校红色门户网站，做好大学生价值观的引导教育工作，在网络舆论中掌握主导权。其二，高校要加强建设网络文化。在网络空间中要坚持包容的态度，敏锐把握大学生在网络中的心理变化、思想动态，以大学生的心理变化为基础主动出击，加强校园网络文化建设，为大学生的心理健康发展营造积极、健康的文化氛围。

（四）建设专业化、高素质的网络心理健康教育师资队伍

开展大学生网络心理健康教育离不开师资队伍的支持，教师专业水平与素质的高低直接影响着教学水平的高低，所以高校必须重视网络心理健康教育师资队伍水平建设。其一，高校应大力聘请专业化、高素质的心理教育工作者及专业心理医师等，积极开展网络心理健康教育教学活动，从根本上提高师资队伍水平；其二，高校应建立健全教师培训机制，利用课题研讨会、兄弟院校交流、公开课评选等方式，提高教师的专业化水平与素质，从而在网络心理健康教育中引进新知识、新理论及新观念。另外，还可以加强资源整合，与知名医疗卫生机构、心理咨询室等建立合作，针对大学生存在的网络心理健康问题开展多元化的教育活动，如在线咨询、宣传活动、专题讲座、团体活动等，从而提升大学生网络心理健康教育的质量。

互联网+背景下加强对大学生的网络心理健康教育不仅是时代发展的需要，还是解决大学生网络心理健康问题的需要。互联网的发展是一把双刃剑，不仅给大学生的心理健康教育带来了机遇，还带来了巨大的挑战。研究互联网+背景下大学生网络心理健康教育，可以发现当前高校大学生网络心理健康教育存在的不足，透过这些存在的问题，我们要从多方面进行努力，如充分利用互联网手段，让大学生敢于表达自己的心理困扰，接受心理治疗；为大学生构建健康向上的网络文化环境，引导大学生树立正确的价值观，降低网络不良信息对大学生造成的危害。总之，高校应重视大学生网络心理健康教育，积极构建与大学生网络心理健康相适应的教育机制，保障大学生网络心理的健康发展。

第五节　互联网+智能时代大学生心理健康教育路径

互联网+智能时代是科技迅猛发展的产物，也是社会发展的必然结果。在互联网+智能时代，大学生很容易通过互联网获取所需要的知识与信息。但是，互联网+智能在给当前高校心理健康教育工作提供极大方便的同时，也对在校大学生的心理健康教育提出了严峻的挑战，如何做好心理健康教育工作，是当今大学生心理健康教育工作者需要认真研究的课题。

《世界卫生组织宪章》指出："健康不仅是没有疾病和病态，而是一种个体在身体上、精神上、社会适应上健全安好的状态。"2017年12月《中共教育部党组关于印发〈高

校思想政治工作质量提升工程实施纲要〉的通知》明确提出心理育人质量提升体系，指出要坚持育心与育德相结合，加强人文关怀和心理疏导，深入构建教育教学、实践活动、咨询服务、预防干预、平台保障"五位一体"的心理健康教育工作格局，着力培育师生理性平和、积极向上的健康心态，促进师生心理健康素质与思想道德素质、科学文化素质协调发展。

一、互联网 + 智能时代大学生心理健康状况

随着网络资费逐渐降低，差不多每个大学生都经常通过手机访问互联网。通过互联网 + 智能，大学生很容易获取很多的信息，不仅包括学习所需要的相关学科信息，也会有很多负面的信息在互联网上一样可以轻松获取。多元化信息通过互联网迅速传播，对于大学生世界观、人生观和价值观会产生很大的直接和间接影响。互联网 + 智能技术的迅猛发展，也对高校大学生心理健康教育产生了深远的影响。一方面互联网 + 智能极大地拓展了当今时代大学生心理学研究范畴，给大学生心理教育工作者提供了极大的方便；但是另一方面面对互联网 + 智能的冲击，一些传统的心理教育模式受到了极大的挑战。不可否认，互联网 + 智能就像每一次新技术革命一样，是一把双刃剑，在给大学生带来极大心理满足的同时，也对相当一部分自控能力不强、辨别能力较弱的同学产生极为不利的影响。当然互联网 + 智能时代，如何有效利用这一最新科技成果，更好地服务于大学生心理健康教育，是摆在心理健康教育者面前的重要课题。

二、互联网 + 智能时代高校心理健康教育工作面临的挑战

互联网技术日新月异的发展和人工智能应用的日趋广泛，使得大学生无时无刻不接触互联网，这就给当前大学生心理健康教育提出了新的挑战，从当前大学生心理发展状况来看，主要表现在以下几个方面：

互联网中大量的不良信息严重影响着大学生的心理健康。互联网中大量的不良信息严重影响大学生的心理健康，这对心理健康教育无疑增加了难度。对于重点本科院校的大学生来说，学习压力较重，学习主动性强，自控能力较好，也使得他们浪费在互联网上的时间相对要少一些，所带来的负面影响不大；而对于一般本科院校和大专院校的学生来说学业压力并不很大，学生的自控能力较差，没有良好的生活、学习习惯，很多学生把大量的时间浪费在玩网络游戏，甚至于沉溺于网络游戏不能自拔，形成网瘾，难以戒除，这其实就是心理障碍；也有一些同学通过网络交友、可能发展成网恋，当网恋遭遇到问题也会造成心理落差较大、失恋等急性应激性障碍，这也是值得关注的；还有互联网 + 智能的发展使得网络电信诈骗日益增多，对于相对比较单纯的大学生来说，更容易上当受骗，上当受骗的学生也容易引起心理问题或心理障碍，有些心理问题、心理障碍如果得不到适当的排解，可能会引起严重的后果，甚至死亡。比如 2016 年大学开学

之际山东省一个准大学生因电信诈骗被骗去学费而导致猝死。还有，互联网+智能的发展，也给一些三观不正的大学生非理性的超前消费提供了机会，于是校园网贷出现了，甚至出现了裸条贷。网贷、裸条贷的结果通常都会引起相应的心理问题，如果得不到妥善的解决，后果可能非常严重，甚至出现死亡。

互联网+智能时代也对传统的心理教育方法提出挑战。互联网+智能时代也对传统的心理教育方法提出了挑战，随时代的不断进步需要及时更新心理健康教育方法，提高心理健康教育水平，把传统的心理健康教育模式与现代互联网+智能教育技术相结合，创造出更适合大学生的心理健康教育模式。

传统的心理健康教育模式，通常都是老师讲、学生听。随着互联网+智能技术的迅速发展，学生可以快捷地了解与获取现代心理学的相关知识，老师课堂上所讲授的内容，可以在互联网上轻松搜索到；当大学生遇到心理问题或心理障碍时，他们通常也会在第一时间去互联网上进行搜索，这样他们对老师课堂所讲授的内容容易产生倦怠感。因此，及时更新心理教育方法、提高大学生心理健康教育效果是心理健康教育工作者急需解决的课题。

三、互联网+智能时代大学生心理健康教育路径选择

面对大学生心理健康教育的种种挑战，切实提高心理健康教育水平，需要在全面客观分析现实的基础上，提升自身对心理健康发展规律的认知水平，采取符合心理健康教育规律的方法，提升心理健康教育实效性。

提升自身素质水平、把握心理健康教育规律。只有努力学习新的心理健康知识，把自己的专业知识水平提到更高的高度，才能更好地认清大学生心理变化规律，准确地把握大学生心理健康发展特点，提高心理健康教育实效性。

转变工作理念，树立服务意识。在一些高校老师的心目中，尤其是一些大专院校的老师往往认为，只管完成自己的上课任务，不管学生有没有听得懂，有没有理解，有没有明白，上完课立马走人，学生除了在课堂上，其他时间段基本上见不到自己的任课老师，如果学生对专业知识有疑问，通常只能求助于互联网。对于心理健康教育课的老师，不能有这样以教师为主的工作理念。要转变思想，树立服务意识。心理健康教育不同于一般的专业知识课，它有自己的特点与规律。只有树立了服务意识、责任意识，才能让大学生通过心理健康教育体验到心灵成长与心智成熟的快乐。通过学习心理健康知识，使大学生得到经验，应对一般的心理问题，当生活、学习遇到挫折、遇到心理问题时，知道如何排解、如何应对、如何去求助。

利用互联网+智能技术，提高教学质量。新时代的大学生往往厌倦课堂上老师的一言堂、满堂灌的模式，心理教育工作者也应当学会借助当今发达的科学技术手段，采取形式多样的教学模式，如学习通软件、PPT、心理电影展播、心理案例分析、心理沙龙、

团体心理辅导等形式，通过理论联系实践的方式，提高教学质量。

利用各种新媒体终端，提升服务效果。综合运用微博、QQ、微信公众号、直播平台等多种媒体形式传播心理健康知识，通过潜移默化的形式，影响大学生的心理健康向良性发展。同时，也可以借助互联网+智能模式，对潜在有心理障碍的学生进行预警，对重点大学生群体进行有针对性关注，必要时进行危机干预，把心理问题造成的损害降到最低。

第六节 互联网+背景下大学生心理健康教育课程混合式教学

"互联网+"环境下，大学生心理健康教育课程教学面临新要求。MOOC、SPOC等现代互联网教学平台在发挥优势的同时，也需要传承传统教学的优点。当前，大学生心理健康教育课程存在教学模式较为单一、学生主动参与意识不强、师资队伍教学水平参差不齐等问题，而"MOOC+SPOC+翻转课堂"混合式教学正好可以改善这些问题。因此，高校大学生心理健康教育课程混合式教学模式要结合教学目标，把日常教学分为线上和线下教学两部分，贯穿于课前、课中和课后三个阶段，并采用过程性评价和终结性评价相结合的多元化考核模式，从而提升大学生心理健康教育课程的教学效果。

心理育人是高校思想政治教育的重要组成部分，在落实立德树人根本任务中发挥着重要作用。《教育部、卫生部、共青团中央关于进一步加强和改进大学生心理健康教育的意见》(2005)指出："要充分发挥课堂教学在大学生心理健康教育中的重要作用""不断丰富心理健康教学内容，改进教学方法，提高课堂教学效果"。跨入21世纪，信息技术的革新冲击着人们生活的方方面面。伴随着互联网+背景的到来，以大数据、云计算、物联网为代表的新技术深刻地影响着人们的生活。大学生作为社会发展中高度活跃的群体，承受着互联网快速发展带来的震荡和冲击。为此，探索当前互联网环境下大学生心理健康教育课程"MOOC+SPOC+翻转课堂"的混合式教学模式，提高课程教学实际效果，增强大学生心理健康意识，提升心理健康素质，更好地发挥心理健康教育课程在高校心理育人工作中的主渠道作用，是摆在广大心理教育工作者面前的现实课题。

一、高校心理健康教育课程教学现状

1987年，浙江大学马建青教授率先开设了选修课"青年心理健康"。随后，北京大学、清华大学等高校相继开设了心理健康教育相关课程。教育部《普通高等学校学生心理健康教育工作基本建设标准（试行）》(2011)明确"高校应充分发挥课堂教学在大学生心理健康教育工作中的主渠道作用，根据心理健康教育的需要建立或完善相应的课程体系"。同年5月，教育部《普通高等学校学生心理健康教育课程教学基本要求》(2011)进一步落实基本建设标准中"大学生心理健康教育教学体系建设"的具体措施。心理健康教育课程经历30多年的丰富和发展，经历了由下而上的自发组织再到由上而下的政府指导，逐渐成为绝大多数高校开设的公共必修课。但是，在教学工作开展中，心理健康教育课程也存在着一些亟待解决的问题。

教学模式较为单一。目前，大部分高校心理课程课堂教学以讲授为主，通常采取一位教师面向一个大班级上课、辅以播放视频等电子教学资源的教学方式。单一直线型的班级授课制，不利于学生自主管理能力、问题解决能力、创新能力和探索精神的培养，也在一定程度上限制了师生、生生之间的交流与互动。吴继红的调查显示，心理健康教育课程的教学方法主要是"讲授法、案例分析法、小组讨论法、视频材料穿插法"等。由于教师在课堂中更多地采用讲授法，学生对课程学习的兴趣和热情不高。互联网的快速发展把学生的注意力更多地集中到了手机上，导致教学内容的传递和师生的互动受到一定的阻碍，加上配套教材的更新迟缓以及教学技术的单一已经难以满足信息化时代学生的需求。因此，有高达32%的大学生对教师的教学工作不太满意。

学生主动参与意识不强。当前，"00后"逐渐成为大学生群体的主要组成部分。他们善于接受新事物、学习新技能，善于开拓创新。同时，他们的自主意识强，团队意识薄弱。在日常生活中，他们习惯于使用网络和手机获取信息和资源。而传统心理健康教育课程教学更多偏重于知识的传授，难以满足大学生成长的需求。再者，心理健康教育课程考核评价形式比较单一，通常沿用"30%平时成绩+70%期末考试"的方法，且平时成绩多以考勤为主，期末考试大多采用笔试的方式，忽略了形成性评价在学生学习过程中的激励作用，缺乏对学生的知识和能力养成过程的有效关注，忽略了学生在课程学习过程中的发展。在心理健康教育课程的教学过程中，"不少学生习惯于坐着听讲，不习惯思考问题；喜欢参与互动，喜欢游戏、视频教学；不习惯于回答问题，缺乏自我的觉察、反思和知识的内化"。

师资队伍教学水平参差不齐。根据教育部《高等学校学生心理健康教育指导纲要》文件要求，高校要按照师生比不低于1：4000配备专职心理老师。按照这个师生比，要把心理健康教育课程开设为全校性的公共必修课，有相当大的难度。因此，不少高校辅导员兼职心理教师，成为大学生心理健康课程师资团队的重要组成部分。然而，大部分辅导员未受过专业的教育教学课程训练，仅仅是经过短期的新教师培养，缺乏相应的教学能力。另外，由于日常工作较为繁忙，辅导员很难抽出时间接受系统的教学和专业培训，加之高校心理教研室也较少提供系统的培训机会，高校心理教师的教学水平难以得到有效提升。

二、"MOOC+SPOC+翻转课堂"混合式教学特点分析

在心理健康教育课程教学中引入 MOOC(慕课)这种新的网络教学模式,是高等教育教学创新发展的一大趋势。自 2012 年起,MOOC 的出现打破了教学时空的限制,将传统的课堂迁移到互联网上,重新整合并优化了教育资源。然而,在推广 MOOC 的过程中,各国都遇到了不同的问题,主要表现在两个方面:一是教师教学与学生学习的互动不足,教师对学生的学习情况难以把控;二是在线学习管理难度较大。由于缺乏有效的约束,部分学生甚至采用刷课软件进行操作,学习效果难以保证。为此,传统课堂的优势再次走进人们的视野。SPOC 是在 MOOC 基础上的创新,将 MOOC 的在线教学资源应用到小规模的实体校园注册学生的课程教育上。"MOOC+SPOC+翻转课堂"混合式教学既可发挥 MOOC 课程低成本、高效率、易于学生利用碎片时间学习等特点,又可吸收线下课堂在团队合作、个性化指导方面无可替代的优势。"MOOC+SPOC+翻转课堂"混合式教学模式包括以下几个方面:首先,教与学时空的混合。该教学模式借助线上、线下相结合的模式,促使在线学习与教师面授的相互结合,达成教与学的虚实结合互补。其次,学习资源的融合。通过课内、课外相结合的方式,该教学模式将接受学习与探究学习相互结合,使网络的教育资源与课堂的教学资源有机融合,提升学生自主学习和合作的能力。最后,学习方式的组合。这种组合教学模式通过课堂的系统讲授与网上碎片化的学习,能够将教师讲授与学生自主学习相结合,使同步学习与异步学习相结合,提高学生学习的效率和主动性。因此,在心理健康教育课程教学过程中采用混合式教学模式可以让学有余力的学生学到更多的内容,培养其探究精神和创新能力,而基础薄弱的学生也可通过反复多次的网上学习弥补不足,从而提升教学效果。

三、互联网+背景下心理健康教育混合式教学模式的实施

心理健康教育课程在实施"MOOC+SPOC+翻转课堂"混合式教学模式过程中,要注重线上和线下的有机融合,重视师生互动的作用,把握形成性评价和终结性评价的有效结合。教师要根据教学目标和教学原则,结合学生的兴趣点,把日常教学分为线上和线下教学两部分,并且将其有机地结合并贯穿于课前、课中和课后三个阶段,实现"线上有资源、线下有活动"的目标。其中,资源的建设要能够实现对知识的有效讲解,活动要能够检验、巩固、转化线上知识的学习,并建立多元化、多维度的评价体系。

课程设置目标。教育部《普通高等学校学生心理健康教育课程教学基本要求》(2011) 明确规定了该课程的内涵及目标,即心理健康教育课程是集知识传授、心理体验与行为训练为一体的公共课程。大学生心理健康教育课程以增强大学生自我心理保健意识和心理危机预防意识,提高心理素质为导向,以促进学生全面发展为目标。开展"MOOC+SPOC+翻转课堂"混合式教学,可以将线上与线下、网络教学与传统教学、

教师主导作用与学生主体作用、示范引导和参与体验结合起来。

课程实施。该课程将智慧树和学堂在线作为网络教学平台，采取 SPOC 混合式教学模式授课，包括视频课程、PPT 课件、线上签到、线上测试和线下体验等。课程实施主要分为三个阶段，即课前阶段、课中阶段和课后阶段。

课前阶段。教师根据学生情况、学习内容和学习环境，进行学习需求分析，并在此基础上进行课程设计 (包括学习大纲、计划、指南和学习资源设计等)。之后，教师在课堂中发布学习任务、提出问题，在上课前查看学生学习任务完成情况及相关反馈。学生通过网络平台了解学习任务的有关要求，并进行在线学习、讨论和练习。其中，微视频可以使用智慧树和学堂在线平台的教学视频，也可以是自行录制的微课。教学视频中穿插问题，使学生在线能够及时联系，自行检查学习情况。教师和学生可以利用网络教学平台或者组建的 QQ 群进行在线互动，建立立体式学习社区，从而延伸了课堂教学的"时间"和"空间"。

课中阶段。课中阶段是教学实施的重要环节，主要采用"翻转课堂"模式，就重点、难点展开讲解与讨论。课中阶段以"任务型小组"为主要手段，开展专题式问题研讨、汇报与展示。根据对在线学习的数据分析，教师在线下课堂开展"翻转课堂"教学活动，采用体验活动、团体训练、案例分析、小组讨论交流等形式。在师生互动当中，教师更多地充当"引领者"的身份，就教学重点和难点向学生进行启发式的提问以及相应的引导，让学生自己来觉察、分析、思考以及解决问题。例如，教师以"适应发展"专题为例，采用不同班级的 6 ~ 8 名学生为一组的小组讨论交流的形式，让学生在规定时间内针对高中和大学学习环境、生活环境、人际环境的变化，进行小组讨论，并进行团队展示。这种身份角色要求教师必须有丰富的心理知识和心理咨询的实践经历。因此，心理健康教育教研室要加强教学团队的理论培训和实践锻炼，提升教师队伍的综合素质。

课后阶段。课后阶段的学习要求学生针对教学内容进行复习，在线完成相应的试题。学习平台根据答案进行评判和分析，便于教师有效地检查学生对知识的掌握情况。同时，教师也可以通过发布课后阅读、心理测评及学习视频，拓展学生的知识和技能，并提供在线的答疑交流、情感支持以及帮助问题学生。

考核评价。心理健康教育"MOOC+SPOC+ 翻转课堂"混合式教学采用过程性评价和终结性评价相结合的考核模式。过程性评价考核学生在课前 (在线时长、视频观看、答疑互动等)、课中 (课程考勤、师生互动、团队展示、研讨表现等)、课后 (作业质量、拓展训练等) 三个阶段的学习活动情况，占学期总评成绩的 70%。终结性评价采用期末考核的形式，占学期总评成绩的 30%。终结性评价是指一次性对学生学习的结果进行评价，而过程性评价贯穿整个教学过程，强调的是对学生学习过程中的学习状况、学习成果进行多形式、分阶段的考核。采取过程性评价和终结性评价相结合的考核模式既注重多形式、分阶段考查学生的学习过程，又注重学生最终的学习成果。心理健康教育课程采取多元化考核模式能有效避免传统单一考核模式带来的缺陷，也有助于教师相对完整、全面地了解学生的真实学习情况，从而提升课程的教学和学习效果。

随着互联网＋背景下的来临，新媒体、新技术与教育教学的结合以及人们对学习的多元化需求的增长，决定了心理健康教育传统教学的革新势在必行，而混合式学习的出现与发展将线上学习与线下课堂有机地融合为一体，有利于教师完善教学设计，及时调整教学结构和教学方法，优化课堂教学，为学生提供匹配程度更高的优质教学。同时，将被动依赖统一的传统心理健康教育教学模式转变为个性化学习、主动化学习的模式，有效地打破了传统的教学格局，极大地提高了教学的效果。然而，在具体的教学实践中，仍然存在着学生习惯于教师提供的网络资源，很少主动探索和自行查找相关学习资源的问题，学生的学习主动性有待提高。因此，心理健康教育混合式教学在如何提升学生在线学习的投入程度和在线学习的质量和深度方面，仍然有待进一步的探讨。

参考文献

[1] 余国良. 大学生心理健康 [M]. 北京：北京师范大学出版社，2018.

[2] 李国毅. 大学生心理健康教育 [M]. 北京：国家行政学院出版社，2019.

[3] 孙霞，郝明亮，寇延. 大学生心理健康教育 师范版 [M]. 大连：中国海洋大学出版社，2019.

[4] 胡盛华，杨铖. 现代大学生心理健康教程 [M]. 吉林：吉林大学出版社，2014.

[5] 李梅，黄丽. 大学生心理健康十二讲 [M]. 北京：北京师范大学出版社，2012.

[6] 邓志军. 大学生心理健康教育 [M]. 北京：北京理工大学出版社，2010.

[7] 黄希庭. 大学生心理健康 [M]. 上海：华东师范大学出版社，2004.

[8] 叶星，毛淑芳. 大学生心理健康指导 [M]. 北京：高等教育出版社，2017.

[9] 陈娟，龚燕. 大学生心理健康：体验与训练 [M]. 重庆：重庆大学出版社，2017.

[10] 瞿珍. 大学生心理健康 [M]. 上海：华东理工大学出版社，2018.

[11] 马斯洛. 马斯洛人本主义哲学 [M]. 成明编译. 北京：九州出版社，2003.

[12] 孙霞、寇延. 自助与成长：大学生心理健康教育（师范版）[M]. 大连：中国海洋大学出版社，2018.

[13] 阳志平. 积极心理学团体活动课操作指南 [M]. 北京：机械工业出版社，2009.

[14] 冉龙彪. 大学生心理健康 [M]. 北京：人民出版社，2019.

[15] 肖红. 高校大学生求职择业心理困扰及其调适 [J]. 高教高职研究，2007（11）：176-177.

[16] 马晓慧，岑瑞庆，余媚. 大学生网恋的心理成因及干预措施 [J]. 校园心理，2011(6)：414-415.

[17] 尹怀玉. 马斯洛需要层次理论对大学生心理健康工作的启示 [J]. 知识经济，2013(9)：164-164.

[18] 卓然. 大学生职业生涯规划中的心理问题及对策分析 [J]. 德育与心理，2016(29)：69-72.

[19] 陈京明. 当代成人大学生自我实现路径探析 [J]. 中国成人教育，2016(14)：24-26.

[20] 李明. 当代大学生自我意识发展的特点及其调控 [J]. 牡丹江教育学院学报，2015(11)：68-69.

[21] 胡凯.大学生网络心理健康的标准[J].思想政治教育研究,2012(3):133-135.

[22] 唐嵩潇.谈抑郁症的心理干预方法[J].吉林化工学院学报,2017(12):75-77.

[23] 吴玉伟.大学生健全人格的标准探索[J].社会心理科学,2012(6):9-12.

[24] 姚振.新时期大学生心理健康标准整合的探索性研究[J].高教学刊,2017(5):176-177.

[25] 文娟.高校大学生心理健康现状及对策研究[J].智库时代,2020(5):114-115.

[26] 何安明,惠秋平.大学生手机依赖与生活满意度的交叉滞后分析[J].中国临床心理学杂志,2019(6):1260-1263.

[27] 魏杰.新时期大学生心理健康标准整合的探索性研究[D].南京大学,2013.

[28] 王飞飞.大学生情绪管理能力与心理健康的关系研究[D].重庆:西南大学,2006.

[29] 王玉娇.农村初中生人际关系对心理健康影响的实证研究[D].宁夏:宁夏大学,2014.

[30] 祖静,封孟君,郝爽,但菲.手机依赖大学生抑制控制特点及与渴求感的关系[J/OL].中国学校卫生:2020-01-03/2020-03-08.

[31] 唐崇潇.谈抑郁症的心理干预方法[J].吉林化工学院学报,2017(12):75-77.